Este libro
te hará feliz

Dra. Jessamy Hibberd y Jo Usmar

Traducción de Iolanda Rabascall

Rocaeditorial

Título original: *This book will make you happy*

Copyright © 2014 Dr. Jessamy Hibberd and Jo Usmar

Primera edición: noviembre de 2014

© de la traducción: Iolanda Rabascall
© de esta edición: Roca Editorial de Libros, S. L.
Av. Marquès de l'Argentera 17, pral.
08003 Barcelona
info@rocaeditorial.com
www.rocaeditorial.com

Impreso por LIBERDÚPLEX, s.l.u.
Crta. BV-2249, km 7,4, Pol. Ind. Torrentfondo
Sant Llorenç d'Hortons (Barcelona)

ISBN: 978-84-9918-911-6
Depósito legal: B-20.761-2014
Código IBIC: JMAQ; VSPM

RE89116

Índice

Nota de las autoras 4
Introducción 6

Capítulo 1. El estado depresivo 10
Capítulo 2. Terapia cognitivo-conductual 26
Capítulo 3. Cambio de actitud 40
Capítulo 4. Regálate tiempo 54
Capítulo 5. Ejercicio físico 66
Capítulo 6. Sobrecarga emotiva 82
Capítulo 7. Juegos mentales 92
Capítulo 8. ¿Quién te crees que eres? 110
Capítulo 9. Toma las riendas de tus pensamientos 126
Capítulo 10. El «verdadero» sentido de la vida 138

Un último mensaje 147
Lecturas recomendadas 152
Agradecimientos 153

Nota de las autoras

*E*n este mundo de constantes cambios en el que nos ha tocado vivir, a veces la existencia puede ser dura. Día a día, nos sentimos empujados en diferentes direcciones, y tenemos que luchar contra la presión a la que nos someten factores externos y, lo que es más importante, a la que nos sometemos nosotros mismos. Cuantas más opciones, más responsabilidad, lo que en determinados casos puede ser un caldo de cultivo para el estrés, la desdicha y la falta de autoconfianza.

Son muy pocas (por no decir ninguna) las personas que creen que pueden abordar sin problemas el trabajo, cualquier tipo de relación y la vida en general. A la mayoría no nos iría nada mal una ayudita de vez en cuando, un pequeño empujón que nos muestre cómo mejorar el estado anímico, cómo cambiar el enfoque respecto a la vida y cómo sentirnos más satisfechos.

Esta serie tiene por objetivo ayudarte a comprender tus sentimientos, pensamientos y comportamientos; asimismo, te ofrece las herramientas para aplicar cambios positivos. No somos fans de la complicada jerga médica, por lo que hemos intentado explicarnos de un modo accesible, relevante y ameno, ya que sabemos que querrás experimentar progresos lo antes posible. Estas guías prácticas y concisas muestran cómo canalizar los pensamientos, desarrollar estrategias de superación y aprender técnicas prácticas para enfrentarte a cualquier adversidad de una forma más positiva y eficaz.

Creemos que la autoayuda no tiene por qué ser un campo confuso, con un tono pomposo o paternalista. Hemos recurrido a nuestra experiencia profesional y a los estudios más avanzados, hemos usado anécdotas y ejemplos que consideramos útiles y esperamos que también lo sean para ti. La serie se compone de varios títulos, y cada uno de ellos aborda un tema —el sueño, la felicidad, la confianza y el estrés— que suscita especial preocupación, para que puedas centrarte en aquellos que más te interesen.

Estas guías se enmarcan dentro de la terapia cognitivo-conductual (TCC), un tratamiento que ha dado increíbles resultados en una amplia diversidad de temas. Estamos convencidas de que esta terapia te ayudará a superar cualquier dificultad.

En los libros encontrarás unos diagramas llamados «mapas mentales». Se trata de un recurso fácil de usar y entender que muestra cómo los pensamientos, el comportamiento y los sentimientos (desde un punto de vista tanto físico como emocional) están conectados entre sí. La idea es desglosar el problema en partes más pequeñas para que no parezca tan abrumador, y establecer opciones para aplicar cambios.

A lo largo del libro también encontrarás ejercicios y listas de verificación, cuyo objetivo es guiarte a través de pasos prácticos para que modifiques tu enfoque. La intención es facilitar dichos cambios integrándolos en tu rutina, porque no basta con leer la teoría. La única forma de afianzar el bienestar a largo plazo es poner en práctica todo lo aprendido y cambiar la experiencia en tu día a día.

Puedes elegir sentirte mejor —de verdad, sí que puedes—, y estos libros te enseñarán cómo lograrlo.

¡Buena suerte! Si quieres enviarnos tus comentarios, contacta con nosotras a través de la siguiente página web: www.jessamyandjo.com

Jessamy and Jo

Introducción

$\mathcal{H}$ola, ¿qué tal, cómo estás? ¿Bien? Sí, nosotras también. ¿No es maravilloso que todo el mundo esté siempre bien o incluso más que bien? Así da gusto; da la impresión de que todo es tan agradable y normal... Salvo que sentirse permanentemente bien no es normal. Nuestra habilidad para experimentar y procesar una diversidad de pensamientos y emociones es lo que nos otorga la condición de humanos, pero, por desgracia, los pensamientos y sentimientos pueden, a menudo, ser bastante oscuros. En realidad, todos nos sentimos mal a veces. La vida puede ponernos la zancadilla cuando menos lo esperamos, y cegarnos con dramas o dilemas que hagan que nos invada el desánimo, la tristeza y la depresión.

Pero no te alarmes, porque también hay buenas noticias...

En primer lugar, PUEDES ser más feliz. Este libro te mostrará estrategias y herramientas que te ayudarán a cambiar los pensamientos, conductas y sentimientos negativos. Si de verdad deseas invertir un poco de tiempo en ti, te aseguramos que podrás cambiar tu vida por completo. Adelante, sigue leyendo; estamos seguras de que te convenceremos.

En segundo lugar, no estás solo. El estado depresivo es un problema común de salud mental; una de cada cuatro personas en el Reino Unido experimentará algún tipo de trastorno de salud mental en el transcurso de un año. Dicho de otro modo, el 25 por ciento de los habitantes de Reino Unido han buscado consejo médico por problemas relacionados con el bienestar emocional. Aunque estos datos estadísticos no harán que descorches una botella de cava para celebrarlo, es reconfortante saber que quizás algunas de las personas que irradian felicidad cerca de ti no sean tan felices y radiantes como aparentan. La infelicidad es un sentimiento completamente normal.

En tercer y último lugar, hoy día, la gente no suele huir despavorida cuando alguien alude a la «salud mental».

El estigma en torno a la depresión y al estado depresivo está desapareciendo. Por desgracia, todavía se da en algunas circunstancias, pero en los últimos años ha habido una espectacular concienciación sobre los problemas de salud emocional. Algunos famosos como Stephen Fry y Catherine Zeta Jones hablan sin reparos de sus experiencias con la depresión. Existen innumerables campañas de organizaciones benéficas que se dedican a la salud mental, programas televisivos y revistas que alertan sobre los trastornos mentales. Hoy día, que alguien desee cuidar de su salud emocional es tan normal como resolver cualquier problema vinculado con la salud física —de ahí que hayamos escrito este libro

¿Por qué la desdicha te ha elegido a ti?

Estar depresivo es un estado de ánimo normal, que sufre una diversidad de gente en una diversidad de momentos por una diversidad de motivos. Puede que hayas experimentado una vivencia trágica o que hayas recibido una noticia devastadora, o que tengas una reacción retardada a algo que pasó hace mucho tiempo. También es posible que el decaimiento sea tu estado de ánimo por defecto —que seas de los que siempre ven el vaso medio vacío, que te sientas insatisfecho y desilusionado con la vida y con tu situación—, o simplemente que tengas un mal día, semana o mes. Esto nos pasa a todos —sin excepción—, y comprender los motivos puede ayudarte a gestionar esos momentos y a ser más feliz.

La tristeza puede convertirse en un punto de apoyo, una justificación para evitar la vida real. Te sientes tan solo y desanimado que estás completamente convencido de que es una de tus imperfecciones personales. La cultura perfeccionista del «lo quiero todo» en la que estamos inmersos puede propiciar un sentimiento de culpabilidad por el hecho de sentirnos tristes, como si en cierto modo estuviéramos admitiendo un fracaso. Por todo ello, estamos muy contentas de que hayas decidido leer este libro. Tu situación puede mejorar, ¡y lo hará!

Breve presentación del libro

La depresión y la tristeza son temas que nos atañen. Las dos hemos vivido casos de depresiones de cerca, entre nuestros amigos y familias, y creemos que un libro como este podría haberles sido de gran ayuda. Usamos los términos «estado depresivo», «estado de ánimo depresivo», «bajo estado de ánimo» y «depresión» indistintamente porque creemos que las estrategias que usamos te ayudarán a sentirte mejor con independencia del tiempo que lleves sintiéndote así. Queremos ofrecerte consejos prácticos y efectivos de una forma comprensible y sencilla. Si hace mucho tiempo que te sientes fatal, prueba nuestras sugerencias, pero acude también a tu médico de cabecera, por si, además, necesitas la ayuda de un especialista.

Creemos que cuidar de nuestra salud emocional constituye una parte esencial de una buena calidad de vida. Es curioso que la mayoría de la gente opine que es totalmente normal y natural ocuparse de la salud física, ir al gimnasio, llevar una dieta saludable, etcétera, pero tan pronto como alguien susurra la posibilidad de dedicar atención a la salud mental, emergen temores y sospechas, como si prestar atención a los procesos mentales fuera algo bastante raro. Pero no es raro, es del todo esencial para que te sientas feliz y disfrutes de la vida.

Utilidad del libro

Este libro es realmente práctico. Estamos decididas a marcar una diferencia en tu vida y a ayudarte a que seas más feliz.
Es importante que te familiarices con cada capítulo y asimiles la información y habilidades necesarias a medida que progresas. Cada capítulo se basa en el anterior, por lo que te recomendamos que los leas en orden numérico en lugar de aleatoriamente, a fin de que su contenido tenga el máximo sentido. Aunque te parezca extraño, tiene una explicación: las estrategias al principio son más simples que las que encontrarás al final del libro. Hay que aprender a caminar antes de echar a correr, por eso iremos agregando conocimientos poco a poco, para que el proceso te resulte más fácil.

Este manual te guiará a través de todo aquello que necesitas hacer para ser más feliz, también te explicará por qué necesitas hacerlo y, por último, revisaremos cada paso. Necesitas dedicarles el tiempo que se merecen; muchas de estas técnicas producirán resultados inmediatos, pero la práctica es lo que afianzará que las aceptes con naturalidad. Aplícate en las estrategias, practícalas y luego intégralas en tu vida diaria; estamos seguras de que te sentirás más feliz.

Cómo sacar el máximo partido del libro

◆ Invierte tiempo en todas las estrategias (identificadas por el símbolo ✪), en vez de prestar atención a unas y desestimar otras. Está demostrado que estas técnicas funcionan. Algunas encajarán mejor en tu forma de ser, pero si las pruebas todas, te estarás dando la máxima oportunidad de ser más feliz.

◆ Romper con los malos hábitos para adoptar nuevas costumbres positivas lleva su tiempo (más o menos veintiún días, según la mayoría de los expertos) por lo que tendrás que practicar y repetir las estrategias a fin de promover un efecto duradero.

◆ Compra una libreta y dedícala a este libro. Algunas de las estrategias implican tomar notas o realizar dibujos. Seguro que te motivará y te reportará una gran alegría repasar las notas y ver los progresos que has hecho. Además, escribir es un buen recurso para ejercitar la memoria, y conseguirá que tu decisión de cambiar sea más «oficial» en tu mente.

Creemos que la depresión, la tristeza y el estado depresivo se pueden vencer. No los aceptes con resignación, como compañeros de fatiga. Puedes recuperar el control de tu vida. El mero hecho de querer aplicar un cambio ya es un gran paso, y una decisión de la que deberías sentirte orgulloso.

El estado depresivo

El estado depresivo puede afectar enormemente tu vida. A continuación te explicaremos en qué consiste, cuál puede ser su origen y por qué te ha agarrado con sus zarpas. Comprender el cómo y el porqué de la infelicidad es esencial para que te sientas mejor.

¿Por qué nos sentimos deprimidos?

*T*odo el mundo se siente triste, infeliz y desanimado a veces; no hay nada malo en ello. No podrías saber qué se siente al ser feliz si nunca experimentaras tristeza. No serías humano si no sintieras una variedad de emociones.

El estado anímico fluctúa de forma natural. Imagina una línea con «increíblemente feliz» en un extremo y «deprimido» en el otro. Todos nos desplazamos de un lado al otro de esa línea, en función de lo que sucede en nuestras vidas; es una cuestión de equilibrio. Con todo, si te encuentras encallado en el extremo de la infelicidad de la línea durante un tiempo, quizá sea el momento de empezar a plantearte los motivos.

Cuando sufres un bajón, puedes tener la impresión de que es imposible salir del pozo, y tu mal día puede dar lugar a una mala semana, a un mal mes o a un mal año. Sin embargo, por más tiempo que lleves en ese estado de abatimiento, te aseguramos que puedes darle la vuelta a la situación. No existe ninguna razón para que aceptes tal estado como una condición permanente. Cuando comprendas los motivos que te empujan a sentirte de ese modo, estarás en una posición más aventajada para aplicar cambios. Aceptar que te sientes mal y que quieres sentirte mejor es un paso importante. Reconocerte en las explicaciones que ofrecemos en este libro también puede ayudarte a sentirte más aliviado, una confirmación de que no estás solo y de que otras personas con experiencias similares a la tuya han conseguido salir a flote.

La depresión, en todas sus facetas, es un viejo trastorno. Antiguo, más bien. La primera información sobre sus orígenes la dio Hipócrates, médico de la Grecia clásica, quien escribió: «Si el miedo y la tristeza se prolongan, es melancolía». Hipócrates especificaba que aquellos que la sufrían mostraban una «aversión a la comida, irritabilidad, cansancio y somnolencia». Este diagnóstico todavía es válido, y los síntomas que Hipócrates y sus discípulos identificaron son tan relevantes ahora como lo eran en el año 400 a. C.

Todos tenemos la capacidad de experimentar tristeza, pero algunas personas muestran una mayor propensión que otras a sentirse infelices. Es un sentimiento que puede surgir de la nada y aferrarse a ti, u originarse a causa de un acontecimiento específico o de un trauma que puede desencadenar más sentimientos de melancolía a largo plazo. La depresión no solo afecta a cómo nos sentimos desde un punto de vista emocional sino también a cómo pensamos, cómo nos comportamos y cómo nos sentimos físicamente.

Los manuales clínicos caracterizan la depresión como un trastorno que representa una alteración de un «funcionamiento» previo, como por ejemplo un cambio (a peor) en el comportamiento y en los sentimientos. Los que la sufren experimentan cinco o más de los siguientes síntomas durante un período de dos semanas (uno de esos síntomas ha de ser necesariamente el bajo estado de ánimo y la pérdida de interés o de la capacidad para el placer en todas o casi todas las actividades):

◆ Bajo estado de ánimo
◆ Disminución del interés o de la capacidad para el placer
◆ Alteración del apetito
◆ Insomnio
◆ Movimientos sin sentido, como pasearse de un lado a otro, re-torcerse las manos o inquietud extrema
◆ Fatiga o pérdida de energía
◆ Sentimientos de inutilidad o de culpa excesivos o inapropiados
◆ Disminución de la capacidad para pensar o concentrarse
◆ Pensamientos recurrentes de muerte o suicidio

Los síntomas pueden provocar una significativa angustia e incapacidad en situaciones sociales, en el trabajo y en otras facetas de tu vida. (Es importante descartar otras causas, por ejemplo el consumo de sustancias que puedan alterar la mente o un determinado cuadro médico.)

El duelo

Algunos de estos síntomas pueden ser directamente atribuibles a un estado de pena, una situación totalmente diferente a la que tratamos aquí. Si bien es cierto que un estado de aflicción puede derivar en una depresión, no se trata del mismo problema; existen tratamientos específicos para tratar el duelo. Si has perdido a un ser querido y reconoces los síntomas que acabamos de mencionar, no desesperes ni desestimes la idea de seguir leyendo este libro. Es cierto que abordamos el estado depresivo y la depresión más que la aflicción, pero habrá técnicas y estrategias que te ayudarán.

Obstáculos para buscar ayuda

Las mujeres muestran una mayor predisposición que los hombres a buscar ayuda cuando se hallan en un estado depresivo. Ello quizá se deba a que los hombres sufren de la falacia tan arraigada en la sociedad de que el hecho de admitir que algo va mal es una muestra de debilidad. Tal vez creen que hay algo ignominioso en no ser capaz de mostrarse «machotes» todo el tiempo. O puede que se deba a que, durante muchos años, la sociedad ha considerado que los problemas de salud mental debían ocultarse. Si no es un problema físico —si no es visible o puede arreglarse con cirugía estética— no es real, y, por consiguiente, es vergonzoso. Existe una inherente sensación de culpa vinculada al hecho de mostrar un bajo estado de ánimo tanto en los hombres como en las mujeres, como si el mensaje tuviera que ser: «Así son las cosas; tienes que resignarte y aceptarlas».

Por desgracia, un estado depresivo durante mucho tiempo no suele corregirse o desaparecer sin tratamiento. Si tienes

otitis, tomas un antibiótico; si sufres dolor muscular, acudes
a un masajista. La depresión y el estado de ánimo depresivo
no son diferentes; existen remedios que pueden propiciar
que te sientas mejor.

El trabajo puede ser otro de los motivos que te empuje
a ocultar la depresión. Según la organización británica de salud
mental MIND, uno de cada seis trabajadores en el Reino Unido
experimenta depresión, ansiedad o estrés en un momento dado.
La depresión se clasifica como enfermedad, pero, por desgracia,
todavía existe un estigma conectado al hecho de admitir delante de
los jefes y de los compañeros de trabajo que tienes un problema
de salud mental. Hay un miedo espantoso a que todos empiecen
a tratarte de forma diferente si pides la baja por problemas
de depresión en lugar de, por ejemplo, un dolor de espalda.

Queremos reconfortarte con un dato: estas reacciones
están cambiando; despacio, pero cambiando. Se están llevando
a cabo apropiadas campañas publicitarias de concienciación
sobre la salud mental en diferentes países que sirven para
desafiar el estigma y la discriminación así como para fomentar
el debate sobre la depresión. La verdad es que resulta difícil
no encontrar a alguien que no haya experimentado alguna
forma de depresión, bien en su piel o bien entre sus amigos,
familia y compañeros de trabajo.

¿Qué provoca la depresión?

Todavía no se conoce adecuadamente el papel que desempeñan
los neurotransmisores cerebrales; no obstante, la mayoría de los
expertos coincide en que la depresión no puede ser diagnosticada
como algo tan simple como el resultado de un desequilibrio
químico. Se sabe que ciertas afecciones médicas pueden
desencadenar un estado depresivo. Por ejemplo, puede deberse
a una baja actividad de la tiroides (hipotiroidismo) o ser un
extraño efecto secundario de determinados medicamentos,
como los betabloqueadores o fármacos antiepilépticos.

(Te recomendamos que visites a tu médico de cabecera si crees que este podría ser tu caso.) Con todo, lo más normal es que se deba a un problema de estrés, a una situación agobiante, a un trauma o al desasosiego provocado por una relación destructiva previa (por ejemplo con el padre, la madre o los hermanos).

Inevitablemente, la genética y la educación desempeñan también papeles relevantes. Los estudios han demostrado que en algunos casos la genética puede influir en nuestra susceptibilidad para estar deprimido, si bien no toda depresión es hereditaria. Pese a ello, la forma en que te criaron tus padres habrá modelado tu confianza respecto a cómo te sientes, cómo te enfrentas a los problemas y tu seguridad a la hora de abordar un malestar emocional.

Nuestras opiniones e impresiones del mundo y nuestra visión de nosotros mismos y de los demás toman forma y se desarrollan durante la infancia. Estas opiniones tienden a girar en torno a ideas de autoestima, logros, aceptación y afecto. Cuando eres pequeño, aceptas lo que te dicen (en general tus padres o los más allegados) ya que a menudo careces de base comparativa. Algunas de estas creencias infantiles nos predisponen a un estado de ánimo depresivo. Por ejemplo, si tenías la impresión de ser un niño feo o no muy inteligente, tales pensamientos podrían haberse ido agudizando bajo la superficie a lo largo de tu vida, dejándote con una sensación de no estar nunca a la altura de las circunstancias. Aunque racionalmente sabes que no eres ni tonto ni feo, ha acabado por convertirse en una convicción que sirve de base para otras convicciones.

Para que sepas contra qué estás lidiando

Existe un número de factores biológicos, sociales y psicológicos que pueden contribuir o conducir a un estado depresivo; es posible que algunos de ellos te afecten. A continuación, encontrarás una lista con diversos ejemplos:

Psicológicos

- Situaciones estresantes, por ejemplo: el final de una relación o dificultades en el trabajo
- La sensación de que no puedes abordar una situación o que no sabes cómo abordarla
- Tu temperamento, por ejemplo: si eres muy sensible o muestras cierta propensión a perder la paciencia
- Descubrir cosas que te angustien sobre ti mismo, o no llegar a alcanzar los objetivos que te has marcado
- Hurgar en recuerdos tormentosos
- La sensación de desamparo o de impotencia
- Interpretar de forma negativa eventos o situaciones
- La impresión de no ser amado, de sentirte inútil o de sentirte como un estorbo

Biológicos

- Una predisposición genética a la depresión
- Ser físicamente sensible a los cambios de humor, por ejemplo si estás estresado, te sientes tenso o te contracturas con facilidad
- Un sistema inmunitario débil
- Problemas físicos de salud

Sociales

- Contar con pocos amigos
- Sensación de estar fuera de lugar
- Acceso inadecuado a asistencia sanitaria
- Tradiciones culturales que generan dificultades, por ejemplo si se espera o si es aceptable que busques ayuda o hables de cuestiones emocionales
- Condiciones socioeconómicas adversas, incluyendo perspectivas de futuro inciertas, desempleo y pobreza

La depresión: una enfermedad incómoda

Amy estaba hojeando revistas en el supermercado cuando se sintió observada. Se volvió lentamente y, de soslayo, vio a una persona al final del pasillo que la miraba fijamente. Cayó en la cuenta de que era Gabby, la chica que había conocido en el gimnasio unos meses antes. Desde el principio, se habían caído bien, y habían quedado algunas veces para tomar un café o un par de cervezas, charlar y reír un rato. Pero de repente, Gabby desapareció del mapa; dejó de contestar a sus llamadas e incluso dejó de ir al gimnasio. Amy se sentía traicionada porque no hallaba ninguna razón para semejante desplante: no se habían peleado ni nada parecido.

Amy agarró una revista y empezó a hojearla para ganar tiempo.

—Mmm... hola —dijo una voz vacilante, pegada a su hombro—. Soy Gabby.

Amy asintió.

—¡Ah, hola! ¿Qué tal? ¿Cómo estás?

—Bien —contestó Gabby, sonriendo—. Había olvidado que vivías por aquí.

Amy no sabía qué decir, así que se mantuvo callada, sonriendo con visible incomodidad.

—¿Qué tal si quedamos un día para tomar un café? —sugirió Gabby—. Hace tiempo que no nos vemos.

—Sí, buena idea —contestó Amy.

—Genial. ¡Hasta pronto! —se despidió Gabby, antes de dirigirse hacia la salida.

Amy se despidió con un leve movimiento de mano.

···◈ **La espiral de pensamientos negativos de Amy**: ¡Gabby se había presentado! Su relación había sido tan efímera y había significado tan poco para ella que probablemente ni recordaba el nombre de Amy. ¿Estaba deliberadamente intentando hacer que se sintiera insignificante? ¡Y después había soltado que podrían quedar un día para tomar un café como si nada, pese a no haber contestado a todas las invitaciones previas de Amy!

Lo que en realidad había sucedido: Gabby no sabía si Amy se acordaría de ella. Pensó que sí le parecía un tanto presuntuoso, dado que había sido ella misma quien había dejado de ir al gimnasio. Había olvidado que Amy vivía justo en la esquina, y puesto que Amy la había mirado de un modo extraño, había dicho lo primero que se le había pasado por la cabeza para llenar el incómodo silencio. Sabía que no había contestado a los últimos mensajes de texto que Amy le había enviado; había estado tan ocupada intentando organizar las visitas al hospital para ver a su padre que había perdido el contacto con varias personas. A la semana siguiente, le enviaría un mensaje de texto para quedar para tomar un café. Solo esperaba que Amy aceptara la invitación, ya que realmente lo habían pasado muy bien todas las veces que habían quedado.

Efectos del estado depresivo

El estado depresivo altera nuestra forma de procesar la información. Provoca que nos sintamos más negativos, y tiende a vincular las sensaciones de pérdida, derrota, fracaso, falta de valía y de no ser amado. Nuestra atención se torna subjetiva y se centra en aspectos que nos provocan infelicidad o que demuestran lo mal que nos va todo. Nos inclinamos a generalizar y usamos incidentes aislados como pruebas de que nada vale la pena. Mostramos una propensión a malgastar el tiempo atormentándonos con pensamientos de situaciones angustiosas o peliagudas que nos han sucedido.

Estos pensamientos negativos afectan no solo la visión que tenemos de nosotros mismos sino cómo vemos el mundo en general. Nuestras experiencias pasadas se mezclan con las futuras, y las personas que conocemos se convierten en actores de ese mundo lleno de zonas grises en el que ahora habitamos. Podemos modelar e interpretar su comportamiento para que se adapte a nuestra nueva forma de pensar: «Chris no me ha sonreído en el ascensor. Seguro que es porque metí la pata en la reunión».

La terapia cognitivo-conductual (a la que a partir de ahora nos referiremos como TCC) sugiere que tu estado de ánimo seguirá siendo depresivo debido a esas opiniones desfavorables. Todo es cuestión de autoestima. Cuando estás deprimido, automáticamente subestimas tus logros y comparas tu situación con la de otros de forma negativa. Plantas una enorme lupa encima de lo que consideras tus fracasos e interpretas que los hechos negativos tienen unas repercusiones a largo plazo por sí mismas, al tiempo que pasas por alto cualquier pensamiento positivo. Los pequeños fallos te empujarán a generalizar: «Lo he hecho mal porque todo lo hago mal». Si consigues un trabajo nuevo es solo porque la persona con la que competías para el puesto no quería en realidad ese trabajo. Ese chico que te gusta te ha pedido para salir una noche... pero solo porque tu mejor amiga, que es mucho más atractiva que tú, ya tiene novio. Además, te planteas demasiados fantasmas del pasado y te explayas en los «¿Y si...?». Por ejemplo, te han despedido del trabajo e inmediatamente te han ofrecido otro empleo; en vez de centrarte en los aspectos positivos («Podría ser una nueva oportunidad; de todos modos, en el anterior trabajo me aburría») te recreas en la incertidumbre de por qué te han despedido y en pensar que no tardarán mucho en echarte del nuevo puesto. Para colmo, eres mucho más proclive a la hora de evocar recuerdos tristes o negativos. Los modelarás de forma que se avengan a tu mentalidad actual «igual que en aquella ocasión...», y de repente, los malos sabores de boca que pensabas que ya habías olvidado te parecerán aterradores presagios de los horrores que están por venir.

Eres como un obcecado líder de una secta decidido a creer que no solo eres el centro de todo, sino que, además, todo es una porquería.

Tus prejuicios incluirán los siguientes factores:

- Infravaloración de tu rendimiento
- Interpretación de determinados fallos como la historia de tu vida («Siempre me tiene que pasar a mí»)
- Comparaciones negativas con otras personas
- Interpretaciones de los comentarios de los demás como críticas negativas
- Incapacidad de ver que tus «defectos» actuales pueden corregirse

Síntomas del estado depresivo

A continuación, listamos algunos de los síntomas más comunes del estado depresivo. Reconocerás unos cuantos, pero quizás otros te sorprendan. Por ejemplo, si eres una persona impaciente, quizá pienses que contestar con brusquedad o mostrarte desdeñoso es solo un aspecto de tu personalidad en lugar del resultado de un sentimiento de frustración contigo mismo por no estar a la altura de tus propias expectativas. La gente a menudo se clasifica a sí misma como «pesimista» o «sufridora» sin ahondar en los motivos que hay detrás.

En lugar de sentirte intimidado, esta lista debería alentarte en el sentido de que lo que sientes y experimentas es completamente normal. Todo el mundo pasa por baches, y existen formas de abordar cada uno de esos síntomas.

Síntomas frecuentes del estado depresivo

Sentimientos

- ❏ Desanimado
- ❏ Inquieto
- ❏ Insensible o vacío
- ❏ Desconectado de la realidad (como si vivieras en un sueño)
- ❏ Impotente
- ❏ Agitado e irritable
- ❏ Enfadado
- ❏ A la defensiva
- ❏ Frustrado
- ❏ Aislado y solo
- ❏ Triste
- ❏ Aburrido
- ❏ Desinteresado
- ❏ Impaciente
- ❏ Asustado
- ❏ Ansioso
- ❏ Culpable

Pensamientos

- ❑ Preocupado y negativo
- ❑ Centrado en ti (El mundo entero me tiene manía / ¿Por qué siempre tiene que pasarme a mí?)
- ❑ Te acusas (Es por mi culpa / Siempre meto la pata)
- ❑ Comparativo (Ella no habría metido la pata)
- ❑ Temes lo peor
- ❑ Dudas de tu capacidad para enfrentarte a una situación
- ❑ Incapacidad de concentrarte
- ❑ No te gustas a ti mismo (baja autoestima)
- ❑ Rememoras demasiado el pasado (le das vueltas y vueltas)
- ❑ Desolado y desesperado
- ❑ Afligido
- ❑ Suicida

Reacciones físicas

- ❑ Tensión en el cuello y en los hombros; dolor y malestar generalizado
- ❑ Calambres musculares y espasmos
- ❑ Agotado
- ❑ Sufres insomnio
- ❑ Perezoso
- ❑ Torpe
- ❑ Inquieto

Comportamiento

❑ Incrementas el consumo de alcohol/tabaco/drogas

❑ Comes en exceso o de forma insuficiente

❑ Aplazas las obligaciones

❑ Te evades

❑ Contestas bruscamente

❑ Estás distraído/No te concentras

❑ Dejas de hacer actividades placenteras/Dejas de cuidarte

❑ Mala gestión de tu tiempo

❑ Dificultad para tomar decisiones

❑ Te ausentas/Te apartas (en el ámbito laboral y en el social)

❑ Olvidadizo (por ej.: olvidas las llaves o no cierras con llave / te olvidas de llamar a alguien / te dejas la cartera en casa)

❑ Buscas consuelo incansablemente

Siguientes pasos...

Somos conscientes de que, pese a que todo esto te suene familiar, probablemente también te parezca bastante aterrador; por favor, no te angusties. El hecho de admitir que te sientes infeliz y que quieres hacer algo al respecto es una parte esencial para ser más feliz. Mucha gente acepta el estado depresivo como un aspecto inamovible de su vida, y lo acepta con resignación. ¡Menuda sandez! Tú puedes cambiar cómo te sientes.

Este libro te enseñará técnicas que podrás aplicar a tu día a día para empezar a pensar y a comportarte de un modo más positivo. Adopta las técnicas y estrategias que te sugerimos en tus rutinas y pronto dispondrás de las herramientas para conseguir que seas más feliz en tus propios términos.

Los «imperdibles» del capítulo

✓ La depresión se puede curar.

✓ No estás solo, por más aislado que te sientas.

✓ Puedes cambiar tus opiniones desfavorables, para interpretarlo todo de una forma más positiva.

Capítulo **2**

Terapia cognitivo-conductual

La terapia cognitivo-conductual (TCC) es uno de los tratamientos basados en la evidencia con mayor éxito en el estado depresivo. Ofrece estrategias y técnicas para propiciar que seas más feliz. A continuación, te explicamos cómo funciona y por qué será eficaz en tu caso.

La TCC: no es tan terrorífica como suena...

*E*sta terapia, presentada por el doctor Aaron T. Beck en la década de 1960 y recomendada por el Instituto Nacional para la Excelencia Clínica (NICE), es un tratamiento muy eficaz para solucionar una amplia variedad de trastornos, incluidos la depresión, la ansiedad, el insomnio y el trastorno obsesivo compulsivo (TOC). La TCC tiene por objetivo ayudarte a comprender tus problemas y enseñarte estrategias para gestionar las dificultades en la vida. El término «basado en la evidencia» significa que ha sido rigurosamente probado y se ha demostrado que mejora el estado depresivo; básicamente, aquí no hay trampa ni cartón.

Experimentarás resultados genuinos a partir de las habilidades y técnicas que te enseñaremos, unas herramientas que podrás utilizar el resto de tu vida. La TCC es una terapia que te ayudará a sentirte mejor ahora, sin tener en cuenta el pasado. Estas estrategias funcionan, sea lo que sea lo que te haya sucedido. Además, la TCC es efectiva en términos de tiempo: no es un tratamiento que se alargue años y años. Si realmente la pones en práctica, te sentirás mejor en cuestión de semanas.

Los estudios respaldan la eficacia de la TCC para aliviar —y a menudo curar— los síntomas de la depresión.

Hay quien sugiere que uno de los principales motivos de que la TCC tenga tanto éxito y de que la gente adopte esta terapia es porque aporta mayor control precisamente cuando te sientes más fuera de control. Después de todo, nadie te conoce mejor que tú, ¿no? La TCC te enseña habilidades para gestionar tus problemas, para que te conviertas en tu propio terapeuta.

Asimismo, se ha demostrado que el riesgo de una reincidencia es menor en comparación con otros tratamientos. Eso significa que, cuando le pilles el tranquillo, la terapia seguirá funcionando. Las estrategias de resolución de problemas no son solo fáciles de adoptar sino que, a través de la repetición y de la práctica, las ejecutarás de forma natural. Como por arte de magia, la vida se volverá más manejable.

«Nada hay bueno ni malo si el pensamiento no lo hace tal»
(Shakespeare, *Hamlet*, acto 2, escena 2)

Shakespeare no solo sabía de pentámetros yámbicos, también sabía que no es lo que te pasa sino cómo lo interpretas. Básicamente, cuando te sientes deprimido, tus pensamientos lo fastidian todo. Tu forma de interpretar una situación afectará tu respuesta física (te tensarás, encorvarás los hombros, se te acelerará el corazón), tu respuesta emocional (depresivo, ansioso, enfadado, con mucha presión), y tu respuesta conductual (contestarás con brusquedad, te apartarás de todos).

Situación

Interpretación negativa de lo que pasa

Respuesta física
Respuesta emocional
Respuesta conductual

El mismo hecho puede tener significados completamente diferentes para personas diferentes. También puede tener significados diferentes para la misma persona, en función de su estado de ánimo.

Cuando te sientas deprimido, tu respuesta emocional negativa ante una situación provocará que te comportes de un modo distinto a como lo harías si te sintieras plenamente feliz. Tu forma de actuar puede empeorar enormemente tus sentimientos y tu situación. (Por ejemplo, tu jefe te grita y tú reaccionas alzándole la voz.) El estado de ánimo depresivo es una profecía autocumplida. Piensas: «Nada vale la pena», por consiguiente, actúas como si se tratara de una conclusión irrefutable. Un comportamiento indebido o inusual no hará más que perpetuar el problema o agravarlo.

¿Te suena alguna de estas situaciones?

1. Es lo último que esperabas el viernes por la tarde: un e-mail en el que te dicen que el lunes a primera hora tienes que exponer un tema al gerente de la compañía. Escribes una respuesta atropelladamente mientras concluyes un montón de temas pendientes antes de abandonar el despacho. Te sientes nervioso y preocupado. ¿Por qué no te habían avisado antes? ¿Cómo prepararás una presentación, si no tienes tiempo? ¿Por qué siempre te ha de pasar a ti? Sin embargo, si hubieras recibido el mismo mensaje de correo electrónico el lunes por la mañana, y te hubieran pedido que preparases una presentación para, digamos, un par de días, te habrías sentido calmado y bajo control, porque habrías tenido tiempo para prepararte.

2. Tu amigo te llama para comunicarte que ha conseguido el trabajo de sus sueños. Te alegras mucho por él. Sabes que se ha esforzado mucho, y también sabes lo importante que es para él. Con todo, no puedes evitar pensar por qué tú todavía no has conseguido el trabajo de tus sueños, pese a que has enviado solicitudes a un par de puestos para los que crees que reúnes los requisitos. Quizá no seas lo bastante bueno.

3. Os han invitado a tu amiga y a ti a una fiesta el sábado por la noche. Ella está ansiosa por ir; en cambio, tú te sientes agobiada. Has quedado con tu hermana precisamente ese mismo día; la pobre está fatal, atravesando una grave crisis personal por culpa de un divorcio que no se está llevando por la vía amistosa. Seguro que se pasará toda

la tarde llorando desconsoladamente, y luego tú no estarás de humor para salir de fiesta por la noche. Tu amiga, en cambio, se muere de ganas por ir, y te sientes obligada a acompañarla.

Ejemplo: Confusión en el bar

James ve a su amigo Ben de pie en la barra del bar de un local muy concurrido. Lo saluda con la mano y grita su nombre. Ben mira por encima del hombro y observa a James unos instantes antes de desviar la vista para pedir una copa.

Pensamiento de estado de ánimo depresivo

«¡Caramba! ¡Ben no me ha saludado!» →

Cuerpo: en tensión
Sentimientos: triste, preocupado, inseguro o molesto
Comportamiento: no lo saluda la próxima vez que lo ve

Pensamiento más feliz

«No me ha reconocido porque no lleva puestas las gafas» →

Cuerpo: neutral
Sentimientos: neutral, calmado
Comportamiento: lo saluda la próxima vez que lo ve

La forma de pensar respecto a una situación ejerce un

⋯⋮ impacto sobre los sentimientos, y tal como hemos visto en este ejemplo, puede tener un efecto decisivo en las conclusiones. Con su pensamiento negativo, James acabará por negar el saludo a su amigo, lo que potencialmente creará un problema donde no lo había. A continuación, podría desencadenarse un efecto dominó, ya que Ben podría reaccionar también airado ante el desplante de James, y los dos terminarían sin dirigirse la palabra sin estar ninguno de los dos seguros del porqué.

Aunque Ben no haya saludado a James adrede, si James se acerca a él y entabla una conversación serán capaces de solucionar el problema, y ninguno de los dos se sentirá inseguro o incómodo con la situación.

Empieza a cuestionarte tus pensamientos y su validez; ello te ayudará a formular alternativas más creíbles ante presunciones negativas. Serás capaz de analizar diferentes formas de interpretar tus experiencias, lo que te permitirá responder de un modo más favorable. Así pues, la próxima vez que pierdas las llaves de casa y no puedas entrar, no optes por pensar inmediatamente:

«¡Siempre me tiene que pasar a mí!» ⟶ abatido
«Lloverá y me quedaré empapado, aquí fuera, esperando a que llegue el cerrajero» ⟶ ansioso
«¡Qué rabia! ¡No puedo creer que lo haya vuelto a hacer!» ⟶ enojado

En vez de eso, intenta pensar:
«Por suerte, mi vecino tiene una copia de mis llaves» ⟶ feliz
«¡Qué bien que vaya bien abrigado, así no pasaré frío!» ⟶ feliz

El gran círculo vicioso

Tal como hemos visto, el estado de ánimo depresivo
es el resultado de un gran círculo vicioso. Los pensamientos
distorsionados derivan en conclusiones generalmente
negativas, y entonces te sientes nervioso y culpable por
tu comportamiento y tus sentimientos (desmotivado
o impaciente), y te acusas a ti mismo («no tengo remedio»),
lo que solo sirve para empeorar las cosas. Para colmo, buscarás
pruebas que secunden tus sentimientos, diciéndote, como en
el siguiente ejemplo: «Hannah ha cruzado la calle aposta para
no tener que saludarme», sin pensar que quizá solo lo ha hecho
para evitar un coche. La TCC desglosa esta pauta de

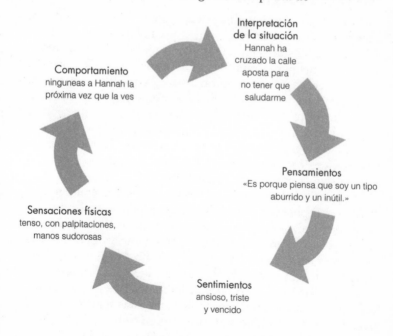

Interpretación
de la situación
Hannah ha
cruzado la calle
aposta para
no tener que
saludarme

Comportamiento
ninguneas a Hannah la
próxima vez que la ves

Pensamientos
«Es porque piensa que soy un tipo
aburrido y un inútil.»

Sensaciones físicas
tenso, con palpitaciones,
manos sudorosas

Sentimientos
ansioso, triste
y vencido

comportamiento en partes más pequeñas para que el problema no parezca tan abrumador y puedas recuperar el control de tu estado emocional.

Hay dos rutas para sentirte mejor: cambiar cómo piensas (cognitiva) y cambiar lo que haces (conductual). La TCC se nutre de ambas vías. El objetivo de esta forma de terapia es aprender a cuestionar las opiniones desfavorables y distorsiones de modo que pienses (y, por consiguiente, te comportes) y formules alternativas realistas, unas alternativas que la parte más oscura, triste y recóndita de tu mente sea capaz de aceptar.

Reacciones en cadena

La TCC empieza por evaluar tu comportamiento y animarte a hacer más cosas que te gusten y que te hagan sentir feliz. De ese modo, estarás en una posición más aventajada para identificar tus pensamientos angustiosos, apartarte unos pasos de ellos, evaluar si son o no razonables y reconocer que son, en su mayoría, infundados. En este momento, tu mente está probablemente llena de predicciones funestas, así que con solo pensar de una forma más realista y preguntarte: «¿Es eso cierto?» o «¿Es probable?» te sentirás mejor. Tu modo de pensar en estos momentos no funciona, así que no vale la pena seguir por esa vía infructuosa.

Si quieres aplicar cambios, has de estar completamente decidido a probar los ejercicios que te proponemos. La única forma de reforzar las ideas que leerás es ponerlas en práctica. El éxito consiste en resolver problemas e iniciar un cambio de comportamiento en tu día a día. El método de ensayo y error forma parte del proceso. Si algo no sale bien a la primera, estarás en una posición más aventajada cuando vuelvas a intentarlo. Si después de varios intentos todavía no estás seguro, no pasa nada. Hay ejercicios que te gustarán y, en cambio, otros que quizá no; solo has de elegir los que más te convenzan.

Mapas mentales

El diagrama sencillo que te mostramos a continuación se denomina «mapa mental». Lo encontrarás a menudo en el libro, con pequeñas variaciones, en función de en qué punto en particular deseemos poner la atención: comportamiento, sentimientos, reacciones físicas o pensamientos. Con todo, la idea principal es que los cuatro puntos siempre están conectados entre sí, sin excepción.

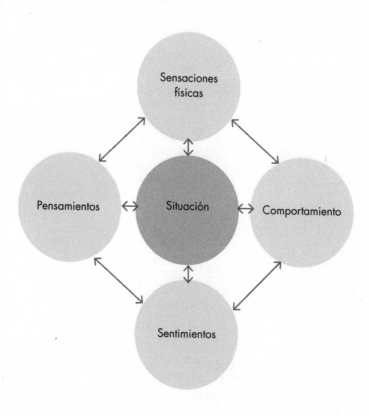

Tus pensamientos, comportamiento y sensaciones físicas actúan como puntos de intervención. Puedes centrarte en cualquiera de ellos y cambiarlos, y eso tendrá una influencia positiva en tu estado de ánimo. La gente recurre a intervenciones en grupo cuando tiene problemas con el alcohol o con drogas: los asistentes a dichas reuniones se sientan en círculo y se enfrentan a las realidades de sus vidas. Pues bien, en este caso, la terapia es

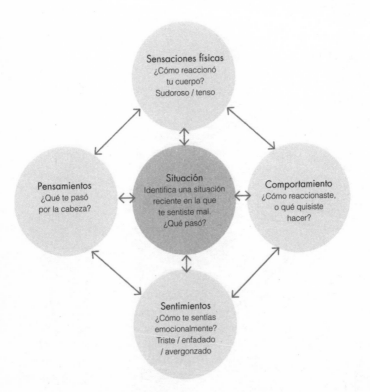

parecida, pero tú te enfrentas a tus pensamientos, comportamiento y sentimientos, y luego intervienes para cambiar tus tendencias negativas a positivas. Cuando cambies una de ellas (digamos, tu comportamiento) el resto, con un poco de esfuerzo, también cambiará.

Podrías simplemente esperar a sentirte más feliz, pero ¿quién sabe cuánto tiempo tardarás en lograrlo? Prestar atención a tu propio mapa mental te obligará a reevaluar una situación y a buscar alternativas a tu interpretación instintiva de «estoy fatal». Si tus acciones son parte del problema, puedes revisar tu comportamiento cotidiano para empezar a disfrutar de la sensación de logro (aun cuando solo se trate de pequeños logros, como por ejemplo salir a la calle a tirar la basura) y también a centrarte en llevar a cabo actividades que te gusten y que te hagan sentir mejor. Lo mismo sucede con los pensamientos y con las reacciones físicas: puedes centrarte en ellos uno a uno, lo que aportará un efecto positivo en tu estado de ánimo. Básicamente, el gran círculo pasará a ser menos vicioso, más llevadero y, lo más importante: te sentirás feliz.

✪ Tu propio mapa mental

Piensa en una experiencia reciente que te dejó con una sensación de infelicidad, y haz la prueba de rellenar tu propia versión de un mapa mental respecto a dicha situación. Para ello, tendrás que contestar cada una de las preguntas (empezando por el medio).

Este ejercicio te permitirá empezar a reconocer tus reacciones ante una situación, a separar de forma consciente tus pensamientos, comportamiento, sentimientos y sensaciones físicas, para que no se aglomeren bajo la etiqueta de «infelicidad». Cada uno de esos factores está contribuyendo a cómo te sientes, por lo que escribir acerca de ellos y reconocerlos es el primer paso para comprender lo que sucede y tomar cartas en el asunto.

✪ **Los pensamientos no son hechos: tu nuevo mantra en la vida**
Parece simple y lógico, ¿verdad? Pues es increíble con qué
frecuencia aceptamos sin rechistar algo que siempre hemos
creído que era cierto, sin analizarlo. Cuando piensas algo, eso es
todo lo que es: un pensamiento, una hipótesis, una opinión. A
menos que tengas una prueba irrefutable que sustente tu teoría,
los pensamientos se quedan solo en eso, en una teoría. No des
crédito a tus pensamientos negativos hasta que hayas dedicado
tiempo a evaluarlos. Si los reconsideras, probablemente admitas
que se pueden poner en duda.

Ejemplo: La angustia de Sarah. ¿Pensamientos acertados?

Sarah ha ido al lavabo del bar. De repente, oye que dos chicas
entran conversando alegremente. Al instante, reconoce la voz
de Claire.
—¿Has leído el e-mail de Marie sobre ella? ¡Qué risa!
—dice Claire.
—Sí, lo he leído —contesta la otra chica—. ¡Y a Marie le
ha dado un soponcio porque, por un momento, ha temido
que se lo había enviado a ella sin querer!

Pensamiento inicial de Sarah (teoría A): «Están hablando de mí».
◆ Sus reacciones físicas, emocionales y conductuales se
    alteran de forma exagerada, en un pánico creciente: se
    le acelera el corazón, siente las manos sudorosas y le
    cuesta controlar la respiración entrecortada.
Alternativa (teoría B): «Creo que están hablando de mí».
◆ Sarah se para a pensar un momento y empieza a buscar
    pruebas. ¿Se ha peleado con Marie hace poco? ¿Ha hecho
    algo que pueda haber motivado el envío de un mensaje

⋯⋯ de correo electrónico airado? ¿Qué relación existe entre Sarah y Claire?

Mientras Sarah reconozca que es un pensamiento y no un hecho, podrá dedicar tiempo a plantearse si es realista que dos chicas estén hablando de ella. Eso le dará tiempo para desarrollar los pensamientos que la ayudarán a alcanzar una conclusión realista.

Cuando te pilles a ti mismo dando credibilidad a un pensamiento como si fuera un hecho, detente y analízalo. El hecho de recordar que «los pensamientos no son hechos» evitará que llegues a conclusiones y reacciones de forma imprudente. Es un ejercicio la mar de simple al que recurriremos más veces a lo largo de este libro.

Los «imperdibles» del capítulo

La TCC te ayudará a:

✓ Replantearte lo que haces a diario para fomentar un sentimiento de logro (aunque solo sea por empezar con logros muy pequeños, como hacer la colada) y también a centrarte en hacer más actividades que te gusten.

✓ Volver a formular opiniones e interpretaciones de contraataque.

✓ Adoptar habilidades y estrategias que te ayuden a cambiar la situación, a fin de ser más feliz.

Capítulo **3**

Cambio
de actitud

Tu comportamiento influye en tus pensamientos, emociones y en cómo te sientes físicamente. Puedes ser consciente de una pauta de pensamiento negativo y cambiarla, de modo que puedas empezar a hacer cosas que te generen felicidad y dedicar menos tiempo a aquellas cosas que te provocan tristeza.

Los peligros de la inactividad

*T*al como hemos ilustrado en el capítulo anterior con el diagrama, tu comportamiento, pensamientos y sentimientos están físicamente interrelacionados. Piensa en la última vez que oíste una tontería tan descomunal como para que te invadiera un sentimiento de desesperanza respecto al ser humano. Nos apostamos lo que quieras a que, o bien esbozaste una mueca de fastidio, o bien fulminaste a la persona que había hecho el comentario desafortunado con una mirada de reprobación. ¿Lo ves? Tus reacciones físicas están conectadas con lo que piensas y viceversa. Interesante, ¿verdad?

Cuando te sientes deprimido, a menudo pierdes el afán por todo aquello que sucede a tu alrededor y empiezas a postergar decisiones. Incluso una actividad insignificante puede convertirse en una ardua tarea. Las acciones rutinarias, como lavar los platos o el proceso de salir de casa (levantarte por la mañana, ducharte, vestirte), se convierten en un ejercicio pesado y agotador. Solo la idea de iniciar una actividad puede inducirte un estado de pánico. Dejarás de hacer cosas que te gustan porque, de repente, te parecerá que carecen de sentido. Puedes acabar totalmente apático, sin ganas de hacer nada, sin fuerzas para levantarte de la cama por la mañana ni con ganas de salir de casa. Tu vida puede cobrar un cariz asfixiante. Es una pendiente peligrosa porque, al eliminar los alicientes que te proporcionaban una sensación de logro y de placer, te estás perdiendo todo aquello que, de forma natural, te servía para levantar el ánimo y ser feliz.

Cuando empiezas a aislarte —aunque no lo hagas de forma consciente— la vida se torna repetitiva y aburrida; solo la llenarás con el trabajo, mirar la tele, tareas esenciales y dormir. Ansiarás dormir, tanto física (porque estás cansado), como emocionalmente, como vía de escape. Limitarás el contacto (o lo cortarás por completo) con los amigos y la familia, por lo que no dispondrás de apoyo social directo. Y dado que no harás gran cosa, tendrás más tiempo para pensar en todo aquello que te suscita infelicidad. Para colmo, empezarás a torturarte mentalmente por cómo estás fallando a todo el mundo, incluido a ti mismo, al no hacer lo que tendrías que estar haciendo. Te verás inmerso en pensamientos tales como «soy un vago y un inútil» al tiempo que notarás cómo se te escurre entre los dedos el control de tu vida.

¡Vaya! ¡No es extraño que te sientas fatal! Pero que no cunda el pánico; hay pasos y estrategias muy simples para frenar esas pautas de conducta negativas.

Suprimir el placer de la vida
la vida se vuelve vacía e incluso
las tareas más insignificantes
requieren un excesivo esfuerzo

Estado depresivo
fatiga, escasa motivación,
insatisfacción

Reducción de las actividades
dejas de salir con los amigos, no contestas a
la puerta o al teléfono, dejas de ir al gimnasio

Escaso placer y sensación de logro
al hacer solo las tareas esenciales,
pierdes el sentido de motivación
o de la diversión

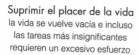

Es importante que comprendas cómo todo aquello que haces en la vida ejerce un efecto en ti, tanto positivo como negativo. De ese modo, podrás empezar a reconocer las actividades que te hacen sentir bien y les darás más importancia en tu vida.

Ejemplo: Anna y su mundo angustioso

Anna llevaba semanas sintiéndose para el arrastre. Al principio pensó que su letargo era consecuencia de un terrible resfriado que tuvo unas semanas antes, pero no conseguía levantar el ánimo. Se sentía cansada, sin fuerzas, quisquillosa, e incluso aburrida. Su trabajo de camarera en un bar de moda —que antes le parecía la mar de guay— se le antojaba, de repente, trivial. ¿A quién le importaba si el café sabía a quemado? ¿A quién le importaba el país de origen de las avellanas que servía? A ella no, desde luego.

Empezó a declinar invitaciones de los amigos. Sabía que ellos se darían cuenta de que estaba desanimada y que la acribillarían a preguntas. La cuestión era que no hallaba una razón concreta para justificar su estado anímico; hacía mucho tiempo que no le pasaba nada malo, pero simplemente se sentía triste. ¿Cómo iba a explicar eso a sus amigos? Por tanto, prefería no salir con ellos. En secreto se sentía aliviada de que aceptaran sus excusas.

Tras unas semanas con el mismo comportamiento, los amigos de Anna empezaron a preguntarle qué le pasaba y si habían hecho algo que la había molestado. Anna se sentía culpable, así que cambió de táctica: primero les decía que sí que iría y luego cancelaba sus planes a última hora. ⋯⋯⋗

«Lo siento; me toca trabajar hasta más tarde» o «Me he perdido» o «He perdido el tren» o «Me he torcido el tobillo».

Se quedaba en casa viendo la tele, atormentada por sus pensamientos, básicamente por lo mal amiga que era al eludir a sus amigos y lo mala persona que era por importarle un comino el trabajo.

Por la mañana, tenía que hacer un enorme esfuerzo para salir de la cama; iba a trabajar, aguantaba el tipo toda la jornada y después se iba a casa a ver la tele. Cuantos más días pasaban, peor. Solo tenía ganas de dormir, porque de ese modo no se sentía angustiada.

✪ Tu propio mapa mental

Ahora que has leído las circunstancias de Anna, puedes evaluar tu propio estado de una forma similar. Piensa en una situación reciente en la que no hiciste algo que debías hacer o que normalmente te habría gustado hacer —por ejemplo, no salir una noche con tus amigos, no ir a una clase programada en el gimnasio, no ir a ver a tu abuela o no ir a la discoteca que tanto te gusta—. Ha de ser algo que sabes que podrías haber hecho pero que no hiciste porque no te sentías con fuerzas.

¿Cómo te sentiste después, tanto física como emocionalmente? ¿Qué te pasó por la cabeza cuando supiste que no ibas a hacerlo? ¿Qué pensaste, mientras deberías haber estado en ese lugar? Plantea las preguntas como en el ejemplo del mapa mental de la página 38, si necesitas ayuda para empezar. Escribir tus pensamientos y sentimientos te demostrará que existe una

El mapa mental de Anna

Sensación física
anquilosada, con temblores, cansada. Se ha fijado en que tiene un tic nervioso

Comportamiento
se queda en casa; evita a sus amigos y no acude al gimnasio

Pensamientos
«Soy un verdadero fracaso; le fallo a todo el mundo»

Sentimientos
triste, deprimida, desmotivada, culpable

pauta para tu comportamiento y que tus reacciones negativas se alimentan mutuamente. Esta pauta se puede cambiar.

La sensación de tristeza

Quizá la situación de Anna no te parezca plausible. Todo el mundo es diferente y reacciona de formas diferentes. Algunos lo harán de un modo totalmente opuesto a Anna cuando se sientan deprimidos o decaídos: en lugar de encerrarse en sí mismos, se convertirán en la alegría de la huerta (en apariencia); totalmente extrovertidos, aceptan cualquier invitación, la que sea. «¿Ir a practicar rafting con alguien que no me cae bien? Sí, por favor». ¡Qué más da! Mientras eso los mantenga ocupados y los distraiga de sus pensamientos funestos...

En función de los círculos sociales, esta alternativa puede propiciar una dependencia del alcohol o las drogas, ya que ambos provocan que las personas se muestren más seguras de sí mismas. Estas sustancias te vuelven más locuaz y te ayudan a que te sientas más integrado socialmente, especialmente cuando no eres feliz. Te aportan ese subidón de energía que crees que necesitas durante unas horas antes de que, inevitablemente, vuelvas a estrellarte contra la realidad.

Para alguien que se siente deprimido, el alcohol y las drogas son solo una forma de agravar los problemas y el ciclo de autoculpabilidad. Te comportarás de una forma inusual y quizá te cueste recordar cosas que has dicho o que has hecho —aunque tampoco querrás recordarlas, porque te asusta reconocer y admitir que estabas fuera de control—. ¿La única solución? ¡Otra copa, por favor! (u otra pastilla o más dosis). El Servicio Nacional de Salud del Reino Unido estima que aproximadamente un 4 por ciento de las mujeres y un 9 por ciento de los hombres británicos muestran síntomas de dependencia del alcohol, mientras que, según el Instituto Nacional de Abuso de Alcohol y Alcoholismo en Estados Unidos, el 28,8 por ciento de las mujeres y el 43,1 por ciento de los hombres podrían ser clasificados como bebedores compulsivos (que consumen cuatro o cinco bebidas alcohólicas en dos horas por lo menos una vez al año). Obviamente, tomar una copa no te convierte en un alcohólico, pero si bebes más de la cuenta, quizás estés enmascarando un problema más profundo. Si llegas a casa cada noche (o de madrugada) y te sientes tan deprimido como el día anterior, por más que lo hayas pasado bien con tus amigos, necesitas plantearte qué es lo que provoca tu comportamiento extraño. No serás capaz de mantener ese nivel social ni esa falsa camaradería toda la vida

—y ahí es cuando el comportamiento de Anna empezará a introducirse lentamente en tu vida diaria: dejarás de salir de juerga y empezarás a apartarte de todo el mundo—. Ir de un extremo al otro significará un duro golpe, tanto para ti como para tus amigos.

✪ Reduce las conductas indebidas: Diario de actividad

Rellenar el mapa mental te ha demostrado cómo todo lo que haces está conectado con tus sentimientos y pensamientos. Así pues, es lógico (y cierto, te lo aseguramos) que un cambio en lo que haces pueda influir en que te sientas más feliz.

Te presentamos tu diario de actividad. A lo largo de este libro, te pediremos que uses varios diarios para monitorizar lo que haces y ver tus progresos. Asegúrate de terminar un diario antes de empezar otro, de modo que uno no se solape con el siguiente. Usa un diario durante una semana y luego revisa las anotaciones. Es muy sencillo: solo has de escribir lo que haces cada día y luego puntuar tu estado de ánimo del cero al diez. Cero significa fatal, y diez, fenomenal. Anota y marca también actividades que te gusta hacer con una «E» y actividades que te proporcionan una sensación de logro con una «A». Nada es demasiado pequeño o insignificante. Si de verdad disfrutas la hora del desayuno, pon una «E» al lado de esa casilla. Si te apetece el descanso a media tarde para tomar un té o un café —aunque no lo disfrutes tanto como el rato del desayuno—, pon también una «E» al lado de dicha actividad. Si salir de la cama y ducharte te provoca una sensación de logro, escribe una «A» al lado.

Este diario no consiste en pensar cómo otras personas valorarían tu día, sino en cómo lo valoras tú. En un plano más general, salir de la cama y ducharte quizá no se considere un gran logro, pero en un día en que te sientes particularmente deprimido, sí que lo es, ya que tu cuerpo y tu mente te están pidiendo a gritos que hagas todo lo contrario.

No deberías subestimar los pequeños esfuerzos que haces para superar el día. Ya es hora de que te des cierta credibilidad a ti mismo.

Llenar el diario te obligará a enfrentarte a tus actividades diarias, a analizar qué es lo que haces y a considerar cómo te sientes respecto a tales actividades. Muchas veces, vivimos como en una nebulosa. ¿No te ha pasado que has conducido alguna vez por una carretera que conoces tan bien como la palma de la mano y, al llegar a tu destino, te das cuenta de que no recuerdas cómo has llegado hasta allí? Eso sucede porque conduces como si llevaras puesto el piloto automático, lo que puede resultar peligroso porque no eres consciente de todo aquello que te rodea, ni de la gente, ni siquiera de ti mismo. Quizá ni tan solo te des cuenta de que estás conduciendo de mala gana; de hecho, puede que sea el peor momento del día, porque aborreces ir a trabajar. Dado que conduces como si llevaras puesto el piloto automático, no te das cuenta de tales sentimientos, que se pierden en el inmenso océano de tu tristeza. El ejercicio de rellenar la tabla te obligará a abordar todo lo que haces durante el día.

La tabla de ejemplo que te mostramos a continuación puede servirte de guía. En ella hemos rellenado el lunes, pero tú puedes estructurarla como más te convenga, quizás analizando cada día hora a hora.

Cómo rellenar la tabla:

1. Anota qué haces
2. Puntúa las actividades en una escala del 0 al 10
3. Anota acciones que te hayan gustado y márcalas con una «E»
4. Escribe cuándo hayas tenido una sensación de logro y márcala con una «A»

	Lunes	Martes	Miércoles
MAÑANA	Levantarme **0**; ducharme **3**; conducir hasta el trabajo **0**; llegar **0**; tomar un café **4 E**; revisar los mensajes de correo electrónico **5 A**; trabajar **5**		
ALMUERZO	Ir al restaurante/bar habitual **7**; pedir algo del menú **7**; fumar un cigarrillo **7 E**; volver a la oficina **2**; echar un vistazo a alguna página web interesante **6 E**; escribir un correo electrónico de respuesta a mi amigo **7 A**		
TARDE	Trabajar **5 A**; tomarme un descanso y un café **7**; terminar la jornada laboral **8**		
NOCHE	Conducir de vuelta a casa **5**; prepararme la cena **4**; comer y ver la tele **5**; echar un vistazo al Facebook, pero sin añadir ningún comentario **4**		
HORA DE ACOSTARME	Irme a dormir a las 23 horas **3**; no ser capaz de conciliar el sueño **0**; por fin consigo dormirme a la una de la madrugada **4**		

Rellena el diario de actividad con tantos datos como puedas durante una semana. Cuando termines, contesta estas preguntas:

◆ **¿Cuál ha sido tu puntuación media a lo largo de la semana?**
(Suma todos los números y luego divídelos por la cantidad de números que haya.) Este será tu punto de partida, que irás mejorando a medida que te sientas más feliz. Puedes revisar los resultados cada semana mientras avanzas en la lectura de este libro, para ver cómo mejora la puntuación de tu estado de ánimo.

Jueves	Viernes	Sábado	Domingo

◆ **¿Cuándo está tu estado de ánimo más alto o más bajo?**

Para la mayoría de la gente, el estado anímico tiende a estar en su punto más bajo por la mañana. Con solo salir de la cama, tu ánimo mejorará (pese a que probablemente sea el peor momento del día, cuando necesites una mayor motivación). Quedarte tumbado en la cama, cavilando, hará que sea más difícil cobrar fuerzas para levantarte. Por eso el botón snooze (el que repite la alarma cada cinco minutos) en el despertador es tan peligroso.

◆ **¿Qué hacías cuando tu estado de ánimo estaba en su punto más alto, y cuando estaba en su punto más bajo?**
El estado de ánimo fluctúa a lo largo del día. Solo porque haya bajado no significa que se quede así. Posponer acciones es una forma típica de mantener el mal humor; en vez de eso, actúa, aunque eso implique hacer algo que aborreces, y ya verás cómo te sientes mejor.

◆ **¿Cuántas «E» y «A» contiene tu diario?**
Toma nota de todas las acciones que has marcado.
Te ayudará a identificar las que te gusta hacer y las que te aportan una sensación de logro —seguro que tu puntuación del estado de ánimo era más alta en esas actividades—. Si no tienes ninguna «E» ni ninguna «A», reevalúa la tabla.
Si no has disfrutado con ninguna acción durante una semana entera, ha llegado la hora de ser pragmático.
Pregúntate: «¿Qué es lo que me ha desagradado menos?», «¿Qué actividad no me ha provocado un gran malestar?».
Aunque no hayas disfrutado, quizá tomar una taza de té o de café no haya sido algo tan espantoso. Pon una «E» al lado de tales acciones. No te avergüences por empezar marcando las acciones más insignificantes.

◆ **¿Cuántas horas has dormido por noche?**
Los estudios realizados recomiendan que los adultos duerman entre seis y ocho horas por noche para rendir bien tanto física como mentalmente. Dormir menos que las horas recomendadas o no descansar como es debido puede tener un enorme efecto en el estado de ánimo.
De hecho, el acto de dormir es tan importante que hemos escrito un libro dedicado exclusivamente a la cuestión: *Este libro te hará dormir*. También analizamos algunas estrategias para mejorar la calidad del sueño en el capítulo 5 de este libro.

Evaluar tu diario de actividad te permitirá identificar qué es lo que te hace sentir bien y por qué. Cuando te sientes deprimido todo el tiempo, las puntas en tu estado de ánimo pueden pasar fácilmente desapercibidas. También es importante anotar aquello que te haga sentir peor y por qué, de modo que puedas empezar a dedicar menos tiempo a esas actividades o tratar de equilibrarlas con otras que te satisfagan. Si ves tu día dividido en horas o en actividades, serás capaz de empezar a cambiar el equilibrio hacia el lado positivo.

Siguientes pasos…

Escribe «LO QUE FALLA ES LA CONDUCTA, NO LA GENTE» en tu libreta y lee la frase siempre que te sientas preocupado o afligido. Te servirá para recordar que lo que haces no te representa. Lo que has hecho ha estado mal, pero eso no significa que seas mala persona. Tu conducta no te define, porque puedes cambiarla.

Los «imperdibles» del capítulo

✓ Lo que haces afecta tu estado físico y emocional, por lo que actuar de forma positiva tendrá un efecto dominó positivo.

✓ La inactividad provoca negatividad. En cambio, hacer cosas que te gustan te aporta placer y una sensación de logro.

✓ Reconocer lo que te hace feliz y lo que te suscita tristeza es el primer paso crucial para cambiar pautas de conducta negativas.

Capítulo 4

Regálate tiempo

Un componente clave para ser más feliz es sacar el máximo partido de tu tiempo, concentrarte en las cosas que te hacen sentir bien y reducir o eliminar aquello que te suscita tristeza. Alterar la rutina es una forma simple pero eficaz para sentirte mejor.

Tiempo para cambiar

*A*l llenar el diario de actividad en las páginas 52-53, es probable que hayas prestado más atención a las acciones que te gustan. Ya hemos dicho que no importa lo grandes o pequeñas que sean tales acciones, porque todas son útiles. (Aparte de ganar millones en la lotería; sentimos no poder recrear esa clase de euforia.) No se trata solo de reconocer acciones que te hayan hecho sentir más feliz, también es importante tomar nota de lo que te ha generado malestar. Si reconoces las actividades que te provocan un estado de ánimo bajo, te estarás dando tres opciones:

1. Empezar a intentar eliminarlas de tu día a día
2. Equilibrarlas con otras cosas que te gusten
3. Cambiar de enfoque respecto a ellas, alterando cómo te sientes al respecto

Tomemos como ejemplo el trayecto en coche hasta el trabajo del capítulo 3. Si has puntuado la acción entre cero y tres en tu tabla del diario, ¿crees que el hecho de conducir como si llevaras puesto el piloto automático podría ser el problema? Estás tan acostumbrado física y mentalmente al trayecto que no piensas en lo que te rodea ni en lo que haces; lo único que sabes es que aborreces ir a la oficina y pasar ocho horas ahí encerrado. El nudo en el estómago se ha vuelto tan familiar para ti que lo has aceptado como un rasgo permanente.

Así pues, ¿qué puedes hacer al respecto?

Ahora que has reconocido que puedes optar por aplicar cambios a tu vida, hemos hecho una lista con unas cuantas ideas:

◆ Toma una ruta alternativa para que te concentres más en la conducción. Tendrás que concentrarte en el entorno en lugar de encerrarte en tus pensamientos.
◆ Compra audiolibros y escúchalos durante el trayecto. Es un recurso que te ayudará a no pensar en el trabajo.
◆ Pon el móvil en silencio. Haz que el trayecto casa-trabajo sea un espacio libre de tensiones laborales.
◆ Agrega actividades que te gusten al trayecto. Si te gusta el café, llévate un termo.
◆ Sé más consciente de ti en el coche. Piensa en tu respiración y explícate lo que estás haciendo («Ahora cambio de marcha; pongo el indicador para girar a la izquierda»). Es una forma de concentrarte en el presente y de darle un respiro a la mente. Ya explicaremos esta forma de meditación denominada *mindfulness* (de atención plena) en el capítulo 9.
◆ Abre la ventanilla (haga el tiempo que haga) y aspira aire fresco.
◆ Cambia de modo de transporte, si puedes; busca otro alternativo —autobús, tren, bicicleta o andando—.
Si rompes con tu rutina conductual, romperás también con tu rutina mental.

En cualquier situación, por peliaguda que sea, hay un montón de cosas que puedes hacer para cambiar de comportamiento y para ayudarte a no reincidir en la tristeza. Elige las actividades del diario que te hayan hecho sentir más deprimido y piensa en alternativas para abordarlas, tal como hemos hecho con el trayecto en coche hasta el trabajo. Las alteraciones sutiles en tu rutina tendrán un gran efecto positivo.

Asimismo, el ejercicio en el diario de actividad debería haberte activado una pequeña bandera roja interna, a modo de autocastigo. Ahora que eres consciente de que en determinados momentos eres más propenso a deprimirte, no serás tan severo contigo mismo. Quizá ni tan solo seas consciente de que lo haces, pero nos apostamos lo que quieras a que te recriminas el hecho de sentirte desmotivado. Date un respiro; deja de sentirte mal por el hecho de estar triste.

Un recurso egoísta

Desde la infancia, tenemos la noción «has de pensar en los demás» grabada en la mente. Sabemos que debemos compartir y ceder nuestro tiempo para ayudar a aquellos menos afortunados y blablablá. Pues bien, borra ese concepto; olvídalo. En estos momentos, lo que necesitas es pensar solo en ti, dedicarte más tiempo a ti, a ti y solo a [escribe tu nombre aquí].

Prestarte atención es una forma rápida de sentirte mejor. Cuando estás deprimido, a menudo dejas de hacer cosas para ti. Irónicamente, quizá creas que la noción de «tiempo para mí» es un lujo que no puedes permitirte, incluso cuando te pasas horas sentado en el sofá enumerando mentalmente todos los errores que estás cometiendo y recordándote que estás fallando a todo el mundo.

Es posible que seas una de esas personas que siempre está dispuesta a escuchar, a prestar atención a las preocupaciones y angustias de los demás, y te sientes egoísta ante el mero pensamiento de cargar a los demás con tus problemas. Detestarías que tus amigos pensaran que no pueden contar contigo y, sin embargo, tú no les estás contando unos problemas que son muy importantes para ti. No estás siendo honesto contigo mismo.

Necesitas dedicarte más tiempo. Los «descansos para mí» aumentarán tu productividad; si los integras en tu rutina diaria, verás cómo mejora tu estado de ánimo. Dalo por hecho.

Regalarte un respiro, ya sea del trabajo o solo de tus pensamientos, tiene un efecto relajante y reparador. Quedarte con la vista fija en el techo, preguntándote por qué estás tan triste, no es una experiencia relajante. También necesitas empezar a centrarte en llevar a cabo actividades sociales que te gusten, en vez de las que te ves obligado a hacer. Salir con gente en lugar de quedarte encerrado en casa significa que tendrás más posibilidades de pasarlo bien.

✪ Tu mapa mental del «tiempo para mí»

Rellena el mapa mental que te mostramos a continuación con una actividad del diario que hayas disfrutado. Intenta pensar en dos actividades: una que hiciste solo y otra con gente. Evalúa cómo te sentiste, tanto física como emocionalmente, y anota los pensamientos que tenías mientras las hacías. Hemos completado un ejemplo en la página 62 para que te sirva de punto de partida.

Un estudio reciente ha descubierto que llevar a cabo por lo menos una actividad placentera todos los días alarga la sensación de bienestar. Los investigadores descubrieron que, cuanto más tiempo pasaban los participantes realizando actividades sociales (con amigos o con la familia), ya fuera actividades físicas o mentales (estimulando el cerebro a base de aprender nuevas cosas), más felices se sentían. Al programar como mínimo una de dichas actividades al día, no solo te sentirás bien cuando la hagas sino que, además, te sentirás motivado al saber que tienes algo que hacer al día siguiente, y al siguiente también. De ese modo, estarás creando una pauta de conducta positiva. Además, no importa si se trata de actividades pequeñas —aunque solo sea programar más descansos para tomar café durante la jornada laboral— si con ello te sientes más relajado. El hecho de saber que estás tomando la iniciativa respecto a aplicar cambios, te proporcionará un mayor control de tu estado de ánimo.

La estrategia que te mostramos a continuación te ayudará a incluir más momentos agradables en tu diario.

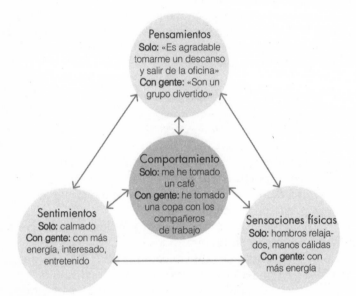

✪ Diversión organizada

Pese a que por lo general recelamos de los momentos en que parece que sea obligatorio pasarlo bien (por ejemplo si en la empresa montan un ejercicio de cohesión y motivación de equipo, con un monitor que no deja de tocar el silbato), es importante planear actividades que nos gusten e integrarlas en la semana.

El siguiente paso consiste en crear un nuevo diario de actividad (asegúrate de haber terminado el anterior antes de empezar uno nuevo) en el que programarás como mínimo una actividad por día que te haga sentir bien —o, por lo menos, que no te provoque malestar—. Si planificas acciones específicas y te comprometes a llevarlas a cabo un día a una determinada hora, habrá muchas más probabilidades de que las hagas que si solo piensas: «Ya lo haré algún día la semana que viene». Por ejemplo, en lugar de escribir «quedar con mi amigo», llama por teléfono y queda con él o con ella un día y una hora, y luego escribe: «el lunes a las 17:30 he quedado con Mike en el bar». O si te gusta salir a correr, programa una sesión de running desde el trabajo a casa el lunes y el viernes. Y el martes resérvate un rato para pasear por ese parque que tanto te gusta a la hora del almuerzo, etc. Empieza por pensar y redactar una lista con las cosas que haces que te parecen divertidas, relajantes, estimulantes o interesantes. Céntrate en actividades que capten tu atención por completo, que te hagan sentir mejor y que se te den bien, ya sean de gran o de pequeña envergadura. Aquí tienes unas ideas para empezar:

◆ Si te gusta el café que preparan en un determinado bar, busca tiempo para pasarte por allí a la hora del almuerzo.
◆ El apoyo social es importante. Queda con un amigo para comer y luego reserva mesa, para que no sientas la tentación de cancelar la cita.
◆ Asegúrate de comer tu bocadillo o plato favorito para cenar y saborea cada bocado.
◆ Escucha música que te guste de camino al trabajo.
◆ Haz ejercicio. Nada levanta el ánimo con más rapidez y con más efectividad (ver capítulo 5).
◆ Hazte voluntario de alguna organización benéfica; seguro que les irá bien un par de manos extras. Sentirte útil te ayudará a subir la autoestima.
◆ Repasa el diario de actividad. Busca qué acción has marcado con más puntos positivos, intenta recordar algunas de las

cosas que te gustaba hacer antes de caer en ese estado de desánimo, o indaga formas de empezar a hacer algo que siempre hayas querido hacer, como ir a clases de pintura, jugar al tenis o unirte a un club de lectura.

Después de elegir un par de ideas de la lista, escríbelas en tu diario de actividad y céntrate en ellas. Planea una actividad en serio para cada día de la semana siguiente, pero cuidado con entrarla con calzador, no sea que no puedas llevarla a cabo. Queremos que este ejercicio te dé resultados positivos, y no que sea otra carga o preocupación extra en tu vida. Asegúrate de reservar suficiente tiempo para que la presión extra que añadas a tu día a día con el objetivo de completar cada tarea no suponga otro problema. Recuerda que una actividad interesante puede consistir en leer un capítulo de tu novela favorita. Si te cuesta empezar con este ejercicio, clasifica las actividades como «fácil», «intermedia» y «difícil», e integra primero las más fáciles en la semana.

A medida que avance la semana, revisa tu estado de ánimo cuando completes diferentes actividades a lo largo del día, igual que hiciste en tu primer diario de actividad en el capítulo anterior: de 0 a 10 para el estado de ánimo (cero para más triste y 10 para más feliz) y luego «E» para actividades con las que has disfrutado y «A» cuando te haya embargado una sensación de logro. Al final de la semana, revisa el diario y evalúa cómo te sientes al respecto.

- ◆ ¿Te sientes mejor que durante tu primer diario de actividad?
- ◆ ¿Cuál es tu nueva puntuación media del estado anímico?
- ◆ ¿Has disfrutado más y has sentido que alcanzabas más logros?

De ser así, ¡felicidades! Es una gran noticia; eso demuestra que estás dando grandes pasos para sentirte más feliz. Si tu respuesta ha sido negativa, no te preocupes. Solo intenta determinar por qué no ha funcionado el ejercicio. ¿Has intentado hacer demasiadas cosas? ¿Has elegido las actividades más difíciles, en lugar de mezclarlas con las más fáciles y las intermedias? Date un respiro y vuelve a intentarlo la semana que viene. Si te ha parecido que te sentías un poco mejor en un determinado día de la semana, entonces eso es progreso.

Iniciar una fase de cambios puede ser la parte más dura, pero una vez empieces, verás cómo resulta más fácil continuar. Imagina que eres un coche (un Aston Martin Vanquish, quizá); necesitas mucha energía para arrancar, pero después será más fácil incrementar la velocidad y cambiar de marcha.

Planta cara a los temores

Si te da miedo la idea de alterar tu rutina, anota las ventajas e inconvenientes del cambio. Escribe por qué quieres hacer algo y qué es lo que te frena llevarlo a cabo. Por ejemplo: quizá quieras ir a clase de dibujo artístico, pero crees que no dispones del tiempo libre necesario.

Ventajas
◆ Conoceré a gente nueva
◆ Aprenderé una nueva habilidad
◆ Reavivaré mi pasión por el dibujo

Inconvenientes
◆ Son clases que duran dos horas, y no tengo tiempo
◆ Cuesta dinero, y estoy intentando ahorrar
◆ Tengo miedo de que no se me dé bien

Las ventajas superan con creces los inconvenientes. Has de ser consciente de las barreras potenciales que tu mente interpondrá en tu camino. Intenta sortearlas. Si de verdad no dispones de dos horas libres, entonces busca un curso de una hora a la semana que esté cerca de tu trabajo o de casa. También compara entre diferentes cursos para encontrar el más barato o negocia con los organizadores un descuento si pagas varias clases por adelantado. Tus temores se atenuarán cuando te hayas comprometido a hacerlo, y desaparecerán por completo cuando hayas vencido todos los demonios y vayas a la primera clase. Quizás estés nervioso por cómo lo haces, por si estás a la altura del curso o por si progresas debidamente, pero eso es normal; todo el mundo se siente así cuando empieza alguna actividad nueva. Solo hay que superar el temor inicial que te frena. Cuando hayas empezado, habrás ganado la batalla.

Los «imperdibles» del capítulo

✓ Ser egoísta puede ser bueno. Deja de hacer aquellas
   cosas que no te gusten o equilíbralas con otras
   que te gusten.

✓ Busca vías para sortear los obstáculos. Aplicar
   pequeños cambios puede suponer una gran diferencia.

✓ Programa actividades positivas en tu diario y verás
   que te sientes más motivado y útil.

5

Ejercicio físico

La salud mental afecta la salud física de muchas maneras. En este capítulo examinaremos cómo y por qué el cuerpo desempeña un papel tan importante a la hora de decidir cómo te sientes, cómo piensas y cómo actúas. Además, te ofreceremos estrategias que te harán sentir más feliz.

Ejercicio físico

*E*xisten unos vínculos muy fuertes entre tu estado físico y tu estado emocional. Cuando te sientes deprimido, el cuerpo reacciona a las señales que le envía el cerebro y sufre un bajón en los niveles de energía. Puedes sentirte exhausto incluso cuando no has hecho gran cosa, o cansado después de dormir muchas horas. Los niveles de concentración se vuelven inexistentes, te sientes intranquilo, inquieto, la memoria se resiente, e incluso puedes perder el deseo sexual. La depresión también puede afectar el apetito, bien haciendo que pierdas por completo el interés por la comida, bien que no puedas parar de comer. También puede provocar dolor de cabeza, de espalda y problemas digestivos. Dado que a menudo es más fácil que nos centremos en los aspectos físicos en lugar de en los síntomas mentales que experimentamos, mucha gente acude al médico y explica que sufre migrañas y dolores sin mencionar siquiera las cuestiones mentales más profundas que son las que provocan tales desajustes.

Por si no fuera complicado de por sí, las pautas del sueño pueden verse alteradas y derivar en insomnio, un estado en el que tu mente se mantendrá activa y acelerada hasta la madrugada. O quizá te despiertes por la noche o a primera hora de la mañana y no puedas volver a conciliar el sueño. También es posible que sientas la necesidad de dormir todo el tiempo —que abras los ojos y te encuentres con la mejilla pegada al teclado del ordenador—. La privación del sueño te dejará mental y físicamente exhausto.

La sensación de que te ha pasado una apisonadora por encima ejercerá un impacto en tus emociones, pensamientos y comportamiento. Puede parecer un abominable ciclo sin fin, pero no te preocupes, ¡hay escapatoria!

En busca del bienestar: comer en exceso o dejar de comer

No te automediques con una alteración del comportamiento alimentario. Comer en exceso o dejar de comer como forma de buscar el bienestar tendrá un efecto en tu estado físico, lo que, a su vez, provocará un efecto negativo en cómo te sientes mentalmente. Si comes menos de lo normal, el cuerpo intentará funcionar con menos combustible y energía, de modo que todo supondrá un mayor esfuerzo. Imagina que intentas conducir un coche pedaleando al estilo de Pedro Picapiedra: eso es lo que tendrá que soportar tu pobre cuerpo falto de energía. Además, si tienes los niveles de azúcar bajos serás más propenso a sufrir dolores de cabeza y cansancio. En cambio, si buscas alivio comiendo en exceso, tendrás un exceso de azúcar, lo que te provocará una sensación de pereza, hinchazón y náuseas. Un estudio de la revista *American Journal of Psychiatry* descubrió que la gente que se atiborra de comida basura se expone a un mayor riesgo de sufrir estados de ánimo depresivos o depresión.

Anorexia nerviosa y bulimia nerviosa

Si comes en exceso, o al revés, si no comes lo que necesitas durante un largo período de tiempo, te arriesgas a desarrollar un trastorno alimentario como la anorexia (restringir de forma drástica la ingesta total de alimentos) o bulimia (consumir comida en exceso, y a continuación eliminarla a través de vómitos o laxantes).

Los desórdenes alimentarios están relacionados con el control: quizá quieras controlar la ingesta de alimentos o lo que comes como una forma de evitar —o de desviar la atención— de problemas o emociones dolorosas.

⋯⋰ Esa salida nunca funciona, ya que mientras estás controlando la comida, estás perdiendo el control de cómo te sientes, tanto física como emocionalmente. No estás atacando el problema real; si te sientes deprimido, castigar tu cuerpo con comida de mala calidad o sin comer es una forma de hacerte daño que solo servirá para perpetuar los sentimientos de inutilidad.

Si crees que tus hábitos alimentarios se están alterando de forma alarmante, es esencial que hables con tu médico de cabecera, quien podrá evaluar tu caso personal y recomendarte un tratamiento específico.

Consejos para una dieta equilibrada

◆ Come cereales integrales o carbohidratos complejos, como arroz integral y legumbres. Estos alimentos incrementan la serotonina, apodada la «hormona de la felicidad», que estimulará tu estado anímico.
◆ Saboreaalimentos con vitamina B. Las verduras de hoja verde, legumbres, semillas y frutas cítricas son una excelente fuente de ácido fólico, que ayuda a descomponer la homocisteína, un aminoácido que en grandes dosis puede generar efectos depresivos.
◆ Toma un yogur para merendar o a media mañana. Recientes estudios han descubierto que el incremento de calcio en la dieta puede mejorar el estado anímico.
◆ Come salmón. Contiene ácidos grasos omega-3 y vitamina D (uno de los pocos alimentos con más cantidad de esta vitamina) que pueden incrementar los niveles de

serotonina que estimulan la producción de melatonina, la hormona de la felicidad que lleva mensajes de nuestro cerebro a otras células.

◆ Toma un puñado de nueces. Estos frutos secos contienen ácidos grasos omega-3 y magnesio. El magnesio ayuda a estabilizar el estado de ánimo con la regulación de los niveles de azúcar; también ayuda a dormir, estimula el metabolismo y mejora la circulación sanguínea.

Una dieta equilibrada es un mecanismo de seguridad para sentirte mejor, tanto desde el aspecto físico como mental.

Beneficios del ejercicio físico

El ser humano sabe que la actividad física es buena para la salud desde que el primer cavernícola notó unas molestias satisfactorias en los muslos después de perseguir a un mamut lanudo. Y es verdad, el ejercicio físico mejorará tu estado. No hay nada que incremente los niveles de energía con más rapidez y más efectividad. Se ha demostrado que sirve tanto para reducir los síntomas de la depresión como para actuar como antidepresivo, psicoterapia personalizada, terapia cognitiva y psicología en grupo. Los estudios también han demostrado que la mejoría en el estado de ánimo se inicia justo diez minutos después de iniciar la actividad física, y ese estado de bienestar se incrementa más y más a lo largo de los siguientes veinte minutos. Un estudio sobre deporte y depresión en el que los participantes caminaron a diario durante siete semanas reveló que, cinco meses después, cuando ya habían retomado las rutinas previas al estudio, todavía notaban la mejoría en el humor y en el vigor.

¿Qué son las endorfinas?

El ejercicio físico favorece que te sientas más feliz. No solo te sentirás mejor contigo mismo por haber adoptado medidas positivas, sino porque también, mientras lo ejercitas, el cuerpo libera unas sustancias químicas llamadas endorfinas. Se trata de unas sustancias naturales sintetizadas por el cerebro similares a las hormonas que nos hacen sentir contentos; actúan como analgésicos, lo que significa que reducen la percepción del dolor. Cuando tus neurotransmisores las liberan, rebotan por el cuerpo y producen efectos de euforia. El ejercicio también libera adrenalina, serotonina y dopamina, un cóctel de sustancias que hacen que te sientas fenomenal. Sí, te sentirás cansado, pero también eufórico.

Los efectos positivos del ejercicio físico

◆ Aumenta las endorfinas
◆ Aumenta el bienestar
◆ Mejora la autoestima
◆ Proporciona una sensación de logro
◆ Aumenta los niveles de energía
◆ Alivia el estrés y las emociones negativas
◆ Favorece la motivación
◆ Favorece el funcionamiento mental
◆ Favorece el sueño
◆ Mejora el estado físico y la salud en general
◆ Ofrece oportunidades para conocer a gente
◆ Estimula la moral

✪ Las acciones hablan más que las palabras

Recuerda, lo importante de la actividad física no es convertirte en un atleta olímpico sino en sentirte mejor, tanto desde un punto de vista físico como mental. No tiene sentido que te apuntes a la siguiente megamaratón y te dejes la piel durante un montón de kilómetros en la cinta de correr en un gimnasio durante meses si no llevas años entrenando; pondrás al límite tus fuerzas o no lo disfrutarás. Decir: «Voy a ir al gimnasio tres veces por semana» cuando sabes que realmente no lo harás es una receta para el fracaso. En vez de eso, busca alguna actividad que te guste, que sea viable y realista. Aquí tienes algunas sugerencias para empezar tu «nuevo y totalmente antiamedrentador programa de ejercicio» (que no incluye calentadores para las piernas, a menos que lo desees):

- Apéate una parada antes del autobús. Hacer ejercicio no significa ponerte a correr por una pista de atletismo. Con que solo hagas algo más activo ya es saludable. ¿Por qué no caminas hasta casa, en vez de tomar el autobús? ¿O subes por las escaleras, en vez de tomar el ascensor?
- Apúntate a clases de gimnasia. La mayoría de los gimnasios ofrecen clases para todos los gustos. Encuentra la que te guste o la que más te llame la atención y haz una clase de prueba para ver qué tal. El apoyo social mientras realizas ejercicio es muy importante: estarás más predispuesto a asistir a clase, si eso significa una oportunidad para darle al palique y no fallar a alguien (aparte de a ti mismo) si no vas.
- Prueba la natación como entrenamiento cardiovascular de bajo impacto.
- Después de hacer deporte, haz una sesión de sauna. Un estudio llevado a cabo por médicos naturópatas ha demostrado que sudar en una sauna puede reducir la presión sanguínea, aliviar los espasmos musculares así como el trastorno afectivo estacional y los elevados niveles de estrés.
- Compra, pide prestada o alquila una bicicleta para ir al trabajo en bici.
- Sal a bailar con tus amigos.
- Aplícate a fondo en las labores domésticas. Pon música y baila mientras pasas el aspirador, estírate para llegar a todos los rincones.
- Dedica algo más de tiempo a tus plantas. El impacto es muy bajo, pero implica que te agaches, te estires, te flexiones y levantes peso.

◆ Prueba yoga o pilates. Ambas disciplinas son enormemente beneficiosas para el cuerpo y la mente.

Cuando hayas decidido qué es lo que quieres probar, adapta tu diario de actividad y planifica alguna forma de ejercicio por lo menos tres veces por semana, unos treinta minutos por sesión. Sé específico, decide un día y una hora, de modo que te comprometas a hacerlo, y considera la posibilidad de convencer a un amigo para entrenar juntos; así tendrás menos tentaciones de retirarte en el último momento. Tal como hiciste antes, cuando programabas actividades positivas, podría ser útil escribir una lista con los ejercicios que has elegido y clasificarlos como «fácil», «intermedio» y «difícil», y luego, gradualmente, ir incrementando la dificultad incorporando los ejercicios que consideres difíciles. Intenta elegir tres prácticas diferentes para no perder el interés, ya sea caminar, dedicarte a la jardinería o ir al gimnasio.

Ejercicio al aire libre

En una encuesta llevada a cabo por la organización británica de salud mental MIND, a nueve de cada diez mujeres mayores de treinta años les da vergüenza exhibir el cuerpo y muestran una baja autoestima cuando se trata de realizar deporte al aire libre, un dato realmente triste porque, según otra encuesta realizada por MIND, el 94 % de las personas encuestadas afirmaron que el ejercicio al aire libre mejoraba su salud mental y la sensación de bienestar. Si te sientes inseguro a la hora de hacer *running* en público, da una vuelta alrededor de un parque con algunos amigos o con tu iPod, pero no te encierres en casa. El aire fresco, la naturaleza, así como los espacios y sonidos que no resultan familiares estimulan el cuerpo y la mente.

Sigue tu nuevo plan durante una semana, evalúa cómo ha ido y marca con una «E» o «A» la casilla junto a cada ejercicio si has disfrutado haciéndolo o si te ha proporcionado una sensación de logro.

Recuerda que solo has de hacer lo que quieres hacer, no lo que creas que deberías hacer. Es más probable que perseveres si no te supone una carga. Tal como hiciste en el capítulo 4, considera las causas que pueden frenarte a la hora de hacer ejercicio y piensa en formas de solventar tales obstáculos. Por ejemplo: baja motivación ⟶ haz deporte con un amigo.

Cuando la semana toque a su fin, formúlate estas preguntas:

- ◆ ¿Cómo te sentías antes de hacer ejercicio?: aprensivo / nervioso / entusiasmado / cansado / aburrido
- ◆ ¿Cómo te sentías mientras hacías ejercicio?
- ◆ ¿Cómo te sentiste después de hacer ejercicio?
- ◆ Revisa la lista de beneficios al principio de este capítulo. ¿Puedes marcar algunos de ellos?

Probablemente notarás que, de entrada, no te apetecía hacer deporte —de hecho, la idea te resultaba bastante desalentadora—. Sin embargo, cuando empezaste con la primera sesión, no te desagradó, y después te sentiste bien —y secretamente orgulloso de ti mismo—. Por consiguiente, los días en que te sientas desmotivado, recuérdate que eso no es un indicador de cómo te sentirás después de haber hecho ejercicio. Piensa en cómo te sentirás si te saltas la sesión: arrepentido y lleno de culpa. ¿Cuántas veces te has enfadado contigo mismo por no hacer lo que te habías propuesto? Empieza con actividades fáciles (como caminar hasta casa, subir por las escaleras en vez de tomar el ascensor) y te sorprenderás con la sensación de logro y de bienestar. No solo obtendrás la satisfacción física que te aporta el ejercicio, sino que además

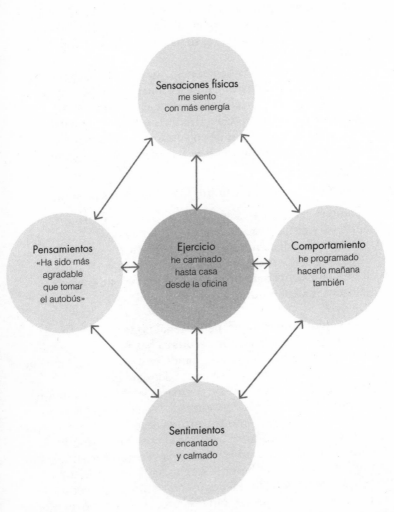

te beneficiarás de la satisfacción mental al poder marcar
la actividad como «hecha» en tu lista de tareas por hacer.

✪ Tu mapa mental de ejercicio

Rellena el mapa mental pertinente. Elige uno de los ejercicios
que hayas completado en tu diario de actividad. Céntrate en
cómo te has sentido al completar la práctica, tanto a nivel físico
como emocional, qué has pensado cuando has acabado y qué te
ha motivado a hacerlo. ¿Has pensado «podría volver a hacerlo»
(pensamientos), mientras subías corriendo las escaleras hasta tu
rellano (comportamiento), al tiempo que te sentías orgulloso de
ti mismo (emociones)?

Y relájate...

Una gran parte del bienestar físico consiste en la relajación.
Darle al cuerpo la oportunidad de descansar y de recuperarse
es un aspecto esencial de un estilo de vida sana. Cuando te
sientes tenso, incómodo y nervioso, el cuerpo se halla bajo
una constante presión; en cambio, cuando relajas el cuerpo,
también lo hace la mente. Es imposible estar estresado
mentalmente si estás físicamente relajado y viceversa.
La relajación provoca un impacto positivo en tus
pensamientos, en tus emociones y en lo que haces. Puede ser
tan simple como programar una hora (o menos) para leer
la prensa el domingo, ponerte al día con tu programa
de televisión favorito o tomarte un baño.

Con todo, por más fácil que resulte decir: «Me voy a relajar»,
conseguirlo es mucho más difícil, en especial cuando sufres una
gran presión mental, o te sientes culpable por algo que has
hecho, o estás preocupado, con pensamientos negativos, y tu
cuerpo está entumecido y cansado. Por eso te ordenamos (sí, te
ordenamos) que te relajes. Vamos a promover un curso de
relajación obligatoria —el término suena un poco estresante,

pero no lo es—. Programa algunas actividades que consideres relajantes en tu diario de actividad. A continuación, sugerimos dos técnicas efectivas para ayudarte a aquietarte: respirar hondo y darte un baño.

✪ Respira hondo

Este ejercicio de respiración que solo dura unos minutos —si lo haces de forma correcta— te ayudará a relajarte:

◆ Apoya una mano en el pecho y otra en el abdomen.
◆ Respira despacio (preferiblemente a través de la nariz, con la boca cerrada).
◆ Mientras inhalas, empuja el abdomen hacia la mano. Siente cómo se expande y fíjate en el movimiento ascendente de la mano.
◆ Retén el aire dos segundos.
◆ Exhala despacio por la nariz. Nota cómo se deshincha el abdomen y cómo desciende la mano.
◆ Sonríe mientras exhalas. Está demostrado que sonreír hace que nos sintamos mejor.
◆ Piensa en algo agradable: un ser querido, una playa soleada, un paisaje hermoso.
◆ Repite el ejercicio cuatro veces.

¿Verdad que es sencillo? Esta práctica reducirá tu ritmo cardíaco, te calmará y, al estar concentrado en la respiración, tu mente también se beneficiará del descanso tan merecido.

✪ Un baño y mucho más

Neil Morris, psicólogo de la Universidad de Wolverhampton, hizo un seguimiento de ochenta personas que tomaron un baño diario durante quince días. Descubrió que el sentido de bienestar general de los participantes mejoraba de una forma increíble.

Todos los pacientes notaron cómo su pesimismo respecto al futuro disminuía y, en cambio, se incrementaba el sentimiento de hedonismo. Morris lo asoció a una combinación de aquietamiento y confort.

Hay una sensación de lujo —extravagante y decadente— en el acto de regalarte tiempo para disfrutar de un baño de agua caliente —posiblemente perfumada—. No te estás duchando para ir al trabajo, te estás tomando un tiempo extra durante el día para relajarte.

También existen beneficios físicos probados asociados al baño. Un baño caliente puede estimular la circulación y el movimiento celular, y si encima le añadimos sales de Epsom, ayudaremos a aliviar la artritis, problemas cutáneos, retención de líquidos y dolores y molestias. Las sales de Epsom contienen sulfato de magnesio, que ayuda a que las enzimas en el cuerpo desempeñen su función; además, pueden fortalecer las paredes del tracto digestivo. ¡Y todo esto mientras te relajas en la bañera!

Soluciones para dormir

Dormir mal no solo es un síntoma común de la depresión y del estado de ánimo depresivo sino que, además, puede ser una de las causas. La incapacidad de conciliar el sueño por cualquier motivo es alarmante, pero existen procedimientos prácticos para limitar las posibilidades de sufrir una mala noche, por más agitada que esté la mente.

Si no consigues dormir las horas necesarias, intenta acostarte antes un par de noches durante la siguiente semana; programa la acción en tu diario. Esas dos noches, evita conectarte a Internet y utilizar el iPad o la tableta durante, como mínimo, dos horas antes de irte a la cama. El hecho de conectarte a Internet y utilizar dispositivos electrónicos no solo estimula la mente, sino que estudios recientes han demostrado que la luz brillante que emiten tales dispositivos elimina la secreción normal de melatonina durante la noche (la hormona del sueño). La luz artificial convence al cuerpo de que todavía es de día y, por consiguiente, este no se prepara para dormir. Si esto sucede noche tras noche, el reloj biológico se altera ya que deja de esperar la disminución de actividad durante esas horas, y se interrumpe la pauta natural de sueño. Desconecta todos los aparatos tecnológicos unas horas antes de acostarte, para que el cuerpo pueda iniciar su rutina natural de aquietamiento y que la mente se relaje.

Asimismo, deshazte de cualquier ruido innecesario en tu cuarto (como relojes o despertadores ruidosos), asegúrate de que la habitación esté tan oscura como sea posible (dado que la luz trastorna la producción de melatonina) y confirma que el espacio donde duermes sea propicio para descansar, es decir, no intentes acurrucarte en una butaca delante de la tele o en una cama llena de ropa, libros y bolsas.

Los «imperdibles» del capítulo

✓   Cuida tu cuerpo. Si te sientes mejor físicamente, te sentirás mejor mentalmente.

✓   Incorpora el ejercicio físico a tu vida: apúntate a un gimnasio o modifica hábitos a fin de estar más activo.

✓   La relajación física es un aspecto esencial de una vida sana, así que hazle un hueco en tu vida.

Capítulo **6**

Sobrecarga
emotiva

¿Cómo afectan nuestros sentimientos a nuestro comportamiento, pensamientos, salud física y mental en general? En este capítulo te explicamos qué son las emociones y cómo puedes cambiar tu configuración predeterminada emocional del «siempre triste» al «me siento más feliz».

¿Por qué somos tan emotivos?

*L*as emociones guían nuestras opiniones así como el significado que le damos a todo lo que atañe a nuestra vida. Confieren color a los pensamientos, tienen un efecto en lo que hacemos y cómo nos sentimos físicamente. Forman una parte esencial de nuestro ser y de cómo sobrevivimos. Si retrocedemos a la esencia básica del comportamiento humano (estilo cavernícola), la angustia emocional guiaba a las personas para que buscaran ayuda a la vez que servía de señal a los demás para que se dieran cuenta de que algo iba mal.

Piensa en tu respuesta inculcada de luchar o huir; es una respuesta ancestral ante una supuesta amenaza. Tan pronto como sentimos miedo o nos asustamos de repente, las células nerviosas lanzan señales de alarma liberando sustancias químicas como la adrenalina y el cortisol, que fluyen por el sistema. Las pupilas se dilatan para aguzar la visión, el corazón se acelera para bombear sangre a todas las áreas corporales y se reduce la percepción del dolor. El cuerpo y la mente están preparados para luchar o para huir. Si tienes miedo de las arañas y ves una que camina por el suelo directamente hacia ti, tu cuerpo reacciona del mismo modo que si estuvieras en la jungla delante de un león. Son tus emociones las que activan el mecanismo; tu cuerpo no sabe que la araña no supone una amenaza para tu vida, solo reacciona tal y como está programado. Además, no puede diferenciar entre una amenaza física (por ejemplo: estar frente a alguien que te apunte con una pistola) o una amenaza psicológica (por ejemplo: una entrevista de trabajo, o pasar por una ruptura sentimental).

No solo es el miedo lo que provoca reacciones físicas tan evidentes: cuando te sientes triste, lloras; cuando estás avergonzado, te sonrojas, y cuando estás enojado, fulminas a tu interlocutor con la mirada. Tales respuestas son solo las más obvias. El cuerpo cambia en miles de formas sutiles para reflejar cómo te sientes.

Retener no es bueno

Hay personas que muestran una propensión a mantener a raya las emociones e interiorizarlo todo. Por lo general, las personas que reprimen los sentimientos acaban por explotar —lo cual es cierto—. Los humanos no estamos hechos para soportar esa clase de presión emocional interna. Inevitablemente, eso tendrá repercusiones físicas y conductuales (por ejemplo: de repente, gritarle a un compañero de trabajo «¿Te quieres callar de una puñetera vez?»). La sección emocional de nuestro cerebro es como una olla llena de agua. Cuando todo va bien, el agua está en reposo, pero cuando estamos estresados y tenemos que bregar con demasiadas cuestiones, es como si añadiéramos más agua y le diéramos más gas para avivar la llama en el quemador: el agua empieza a hervir. Al final, si no bajamos el gas o retiramos cierta cantidad de agua, esta se derramará e incluso los aspectos más insignificantes pueden asomar a la superficie. Siempre hay que desechar algo. Cuanto menos atención prestes a los problemas o los relegues al rincón más recóndito de tu mente, más probabilidades habrá de que un día explotes. Enfrentarte a tus sentimientos y buscar el modo de solucionarlos limitará el estrés y la ansiedad.

Las emociones están también intrínsecamente vinculadas a la conducta y a los pensamientos. Por ejemplo, un estado de ánimo decaído puede inducirte a pensar: «No soy lo bastante bueno», y el hecho de pensar eso provocará que te sientas más decaído. Los sentimientos pueden activar determinados pensamientos y acciones, del mismo modo que determinados pensamientos y acciones pueden activar sentimientos. Todo está conectado. La rabia es, a menudo, una respuesta al sentimiento de agravio, frustración o culpa, mientras que la ansiedad puede provocar timidez o la respuesta de luchar o huir. La pena te ayuda a superar una pérdida, mientras que el amor te acerca a otras personas y cambia tus prioridades. La felicidad es atractiva e inclusiva —te ayuda a mostrarte más abierto, accesible y deseoso de acercarte a los demás—, y está estrechamente conectada a la autoestima y a la sensación de bienestar contigo mismo.

Algunas emociones son más complicadas —la envidia, por ejemplo—. La mayoría de las respuestas conductuales respecto a la envidia son negativas. Con todo, en función del tipo de persona que seas, la envidia también puede motivarte a ser mejor.

Los sentimientos pueden actuar a modo de alerta, para ayudarte a comprender lo que pasa en tu vida y darte cuenta de las cosas a las que necesitas prestar atención. Son la forma en que los humanos procesamos situaciones y experiencias. Por más que nos gustaría sentirnos felices todo el tiempo, eso no es realista: naciste con la capacidad de sentir toda la gama de emociones. Por desgracia, la sensación de depresión nos lleva a menudo a experimentar más emociones negativas, tales como irascibilidad, rabia, desesperación, resentimiento, culpa y celos, lo que puede derivar en una sensación de vergüenza o frustración. A menudo, estas emociones aparecen cuando has estado ocultando cómo te sientes y reprimiendo tus emociones.

Reconocer tus sentimientos y enfrentarte a las razones que hay detrás de que te sientas mal es un aspecto esencial para que te sientas más feliz.

✪ Radiografía de las emociones

Usa la tabla de la derecha para hacer un seguimiento de tus emociones negativas. Anota cómo te sentías en una determinada situación, qué fue lo que activó la emoción así como las consecuencias. Reconocer el vínculo entre cómo te sientes, lo que piensas y lo que estás haciendo te aportará más opciones para cambiar las pautas negativas.

Situación	Pensamientos automáticos	Reacción emocional	Reacción física	Reacción conductual
Mi jefe me ha ridiculizado en la reunión, delante de todo el mundo	«Mis compañeros de trabajo piensan que soy un inútil»	Vergüenza, ansiedad, rabia	Tensión muscular, bochorno, manos sudorosas	Abandonas la reunión de mala gana, dando un portazo
Mi amiga ha planeado su fiesta de cumpleaños justo el día antes de mi boda	«Lo hace para sabotear mi boda»	Herida, rabia	Corazón acelerado	Te niegas a ir a su fiesta de cumpleaños
Mi amigo solo contacta conmigo cuando necesita algo	«Me utiliza para su conveniencia»	Frustración, rabia	Hombros hundidos, dolor de estómago	Le envías un mensaje de correo electrónico airado, negándote a ayudarle más

Si te cuesta identificar la emoción, analiza otros aspectos primero, como, por ejemplo: el sentimiento físico o lo que pensaste. (Hemos incluido un par de ejemplos.)

Aislar la emoción y tus respuestas relativas a dicha emoción te permitirá ser más consciente de tu configuración predeterminada emocional y de qué es lo que la provoca. En vez de dejarte arrollar por un sentimiento que te supera, esta práctica te ayudará a comprender el resto de los aspectos vinculados. El problema te parecerá más manejable si desglosas tu respuesta emocional en secciones —pensamientos, comportamiento y cómo te sientes físicamente—. De ese modo, obtendrás otra perspectiva más lúcida, no solo respecto a ti sino también a la situación y a la forma más conveniente de abordarla. Asimismo, la práctica te dará opciones para que puedas aplicar cambios. En el primer ejemplo de la tabla, si no hubieras rellenado todas las casillas quizá solo habrías identificado tus reacciones emocionales de vergüenza y rabia y no te habrías fijado en la ansiedad. Si aíslas tu pensamiento inmediato —«Mis compañeros de trabajo piensan que soy un inútil»— verás que, en realidad, te afecta más lo que todos piensen respecto a tu profesionalidad que el hecho de que hayan sido testigos de cómo tu jefe te ha ridiculizado en una reunión. Esta identificación es importante; significa que ahora podrás centrarte en por qué te provoca desasosiego que la gente cuestione tu profesionalidad.

- ¿Tienen un motivo para cuestionarla?
- ¿Has cometido errores en las últimas semanas?
- ¿Es un pensamiento totalmente infundado?

En lugar de simplemente aceptar la derrota y tu abatimiento, puedes tomar cartas en el asunto: pide su opinión a uno de tus compañeros, o pide a un compañero que te ayude durante unas semanas si estás desbordado de trabajo. Tu comportamiento proactivo hará que te sientas mejor, tanto física como emocionalmente, porque no te limitarás a hurgar en la llaga sino que asumirás el control.

¿Qué columna del formulario te ha parecido más fácil de rellenar: tus pensamientos, emociones, respuestas físicas o tu comportamiento? Por ejemplo, si en el momento en que estabas rellenando la información experimentaste reacciones físicas muy potentes, ese podría ser tu punto de partida. A lo mejor caes en la cuenta de que te pusiste realmente tenso y que se te aceleró el corazón a causa de la vergüenza que pasaste cuando tu jefe te ridiculizó. Tus sensaciones físicas son pistas que te ayudarán a averiguar qué es lo que sucede en realidad. Alternativamente, algunas personas eligen dedicarse primero a la información sobre su estado anímico, por ejemplo: recuerdas que te sentiste fatal porque te sentiste ridiculizado. La impresión en la que hayas reparado de entrada debería servirte de punto de partida, y a partir de ahí, podrás rellenar el resto de las casillas.

Identificar el detonante —el motivo que inició la cadena de respuestas— es muy importante. Las reacciones negativas pueden hacerse más grandes, como una bola de nieve, y es fácil perder de vista lo que te provoca el sentimiento de ansiedad o la sensación de depresión. Cuanto más te acostumbres a realizar un seguimiento del origen de los conflictos, más opciones te darás para aplicar cambios.

✪ Gestiona tus emociones

Hay algunas formas simples y efectivas de gestionar las emociones. Tal como habrás deducido a partir de la última estrategia, tus sentimientos están intrínsecamente vinculados a cómo interpretas determinados casos.

◆ Una valoración pesimista de una situación puede provocar una conducta dañina, emociones negativas y sentimientos físicos incómodos. Recuerda que solo porque te sientas de una determinada forma respecto a algo no significa que todo el mundo se sienta igual; tus sentimientos no son un reflejo de la realidad. Puedes sentirte frustrado e infravalorado en el trabajo y, en cambio, el resto de tus compañeros creer que estás desempeñando una magnífica labor. Cuando te sientes decaído, tu enfoque se distorsiona, por lo que será mejor que busques pruebas que sustenten tu punto de vista de «estoy fallando/no lo lograré». No proyectes tus sentimientos en los demás, ni los uses para medir tu progreso o tus logros, ya que lo más probable sea que estés siendo injusto contigo mismo.

◆ Pese a que es sano y natural mostrar respuestas emocionales convincentes respecto a todo aquello que nos incumbe (como una forma de procesar lo que pasa, para poder seguir avanzando), has de tener en cuenta que hurgar en la llaga respecto a las emociones corrosivas —como por ejemplo creer que siempre te salen mal las cosas o que siempre te ha de pasar a ti todo lo malo— no solo hará que te sientas fatal sino que también quedes atrapado en una situación incómoda. Recuerda que la conducta negativa solo provocará resultados negativos, por lo que tu modo de pensar acerca de ti mismo tendrá un efecto en cómo te ven los demás y lo que pasa en tu vida. Si piensas «Soy un inútil» todo el tiempo, esa idea puede acabar por convertirse en una profecía inexorable: al eludir tareas difíciles o aplazarlas no completas nada y no puedes demostrar tus aptitudes más remarcables.

◆ La próxima vez que te pilles generalizando o infravalorando tus propias habilidades, haz una pausa, reconoce esos pensamientos nocivos y luego desafíalos: ¿Son verdad? Oblígate a contrarrestarlos eligiendo una ocasión en que te pasó algo maravilloso o hiciste algo de forma satisfactoria. La próxima vez que te sientas fatal, pregúntate: «¿Esto tendrá la misma importancia mañana, o dentro de una semana, o el año próximo?». Si no, ¿a quién le importa? Olvídalo.

◆ Muéstrate abierto y honesto contigo mismo y con los demás sobre cómo te sientes; eso te dará la oportunidad de salir del atolladero. El acto de expresar en voz alta cómo te sientes puede proporcionarte esa distancia tan necesaria de la situación y ayudarte a procesar los hechos mentalmente; además, la gente será capaz de brindarte su apoyo y ayudarte en el proceso.

◆ Por último, ríe. Ríete a gusto en situaciones divertidas, y también —y más importante— ríete de ti mismo. Un grupo de investigadores de la Universidad de Oxford ha descubierto que la risa provoca que el cuerpo libere endorfinas, unas sustancias químicas que actúan como analgésicos naturales. Verás cómo te sientes mejor después de unas buenas y sonoras carcajadas. En el estudio que llevaron a cabo, separaron a los participantes en dos grupos: al primero lo obligaron a ver quince minutos de programas televisivos tediosos (como torneos de golf, seamos sinceros), mientras que el segundo grupo vio quince minutos de programas de humor. Los científicos descubrieron que el grupo que se había desternillado era capaz de soportar un 10 por ciento más de dolor que antes de ver los programas de humor. Está comprobado: la risa es la mejor medicina. Tomarte la vida —y a ti mismo— demasiado en serio solo hará que todo parezca más difícil de lograr. Hallar el lado cómico eliminará tensión física y hará que te sientas más capacitado para soportar la realidad.

Los «imperdibles» del capítulo

✓ No retengas las emociones, ya que mostrarás una mayor predisposición a explotar. Muéstrate abierto y honesto contigo mismo y con los demás sobre cómo te sientes.

✓ Pensar y actuar de forma positiva hará que te sientas más positivo.

✓ No puedes erradicar la tristeza de tu vida para siempre, pero puedes asegurarte de no experimentarla de forma innecesaria.

7

Juegos mentales

Te presentamos tus pensamientos automáticos negativos (en inglés: NAT). Estos pensamientos no dejan espacio a los pensamientos positivos, y tú estás permitiendo que se salgan con la suya. En este capítulo te explicamos de dónde provienen y cómo combatirlos.

¿En qué estás pensando?

Si un genio apareciera de sopetón de una lámpara maravillosa y nos ofreciera tres deseos sin condiciones, sabemos exactamente lo que pediríamos. Después de decirle lo guapo que está con esos pantalones bombachos y de ofrecerle una cerveza, le pediríamos cubos llenos de dinero, una casa justo delante de la de George Clooney en el lago Como y, por último, poder leer los pensamientos. ¿Acaso hay algo mejor o más importante que saber lo que la gente piensa? Bueno, sí, quizá sí hay muchas cosas más importantes. ¿Te has parado a pensar en tus pensamientos últimamente? No es que queramos aguarte la fiesta, pero que sepas que hay bastantes ideas raras circulando por tu cabeza.

Ya hemos hablado de cómo tu forma de pensar afecta directamente cómo te sientes, tanto física como emocionalmente, y también tu comportamiento. Así pues, si te sientes fatal, seguro que tus pensamientos no estarán gritándote: «¡Menudo fenómeno! ¡No hay quien te supere!». En vez de eso, lo más probable es que te estén regañando, reprochándote a viva voz: «¡Eres un don nadie! No sabes hacer nada bien. ¡Si hasta nos da vergüenza estar en tu mente patética!». Fíjate en nuestro mapa mental de ejemplo, en el que mostramos el efecto de tus pensamientos negativos.

Pensar es automático, igual que respirar; solo piensas, sin más. Incluso cuando estás dormido, la mente se mantiene activa. Lo que sucede ahora, sin embargo, es que, dado que te sientes deprimido, tus pensamientos se han convertido en una losa insoportable. Son deprimentes, una verdadera carga. Si todo el tiempo te embargan pensamientos oscuros, te sentirás fatal, como un inútil —tiene sentido, ¿no?—. Pero estás tan habituado a centrarte en todas esas malas vibraciones y malos rollos que ni te das cuenta de que lo estás haciendo. Se ha convertido en un mal hábito —como si todos los días olvidaras peinarte por la mañana y luego te diera un patatús cuando, de camino al trabajo, vieras tu imagen reflejada en un escaparate—. Ni siquiera te das cuenta de

que te estás castigando todos los días porque has perdido la capacidad de analizar tus pensamientos de forma consciente.

Proceso de pensamiento negativo

Al acostarte por la noche, no te dedicas a repasar cada una de las acciones que haces al dedillo, por ejemplo: «Ahora apartaré la colcha, me sentaré, alzaré el pie izquierdo y luego el derecho antes de tumbarme». Simplemente, te metes en la cama mientras piensas en otras cosas. Es lo que se conoce como «proceso de pensamiento», es decir, cómo gestionamos todos los pensamientos mentalmente de un modo eficiente. Nuestro cerebro elige en qué vale la pena pensar y en qué no, desechando cualquier información que considere inconsecuente. Este proceso es esencial para que seamos capaces de funcionar como es debido, porque si tuviéramos que pensar en cada detalle de lo que hacemos nos saldría humo por las orejas.

El sistema funciona bien... hasta que la mente abre el grifo de los pensamientos negativos y solo filtra la información que corrobora tu sensación de malestar. Pasas por alto las observaciones positivas, y descartas hechos importantes que te harían sentir mejor y te darían un punto de vista más realista y útil acerca de lo que sucede. Tu memoria también desempeña un papel ruin, ya que solo evoca ejemplos de tu pasado que apoyan tu punto de vista negativo. Todo ello, inevitablemente, mantendrá tu estado de ánimo bajo o hará que te sientas peor.

El proceso de pensamiento negativo se convierte en tu estado de ánimo predeterminado cuando estás deprimido, pero se desenfrena cuando te sientes ansioso y se activa tu respuesta de luchar o huir. Cuando el cuerpo se siente bajo amenaza, la sección racional de tu mente se mantiene en un segundo plano e intervienen los lóbulos de detección de peligros. Estos están preparados para detectar la mínima señal de riesgo con el objetivo de mantenerte a salvo, lo que significa que no solo te centrarás en los aspectos negativos sino que, además, mostrarás una tendencia a evaluar acontecimientos neutrales como hostiles, del tipo: «Están hablando de mí».

Cuando tu cabeza funciona de ese modo, la única forma de obtener un punto de vista realista de lo que sucede es buscar activamente información positiva o desafiar tu forma de pensar sesgada. Has de luchar contra los pensamientos negativos automáticos.

Pensamientos negativos automáticos

◆ Los NAT son pensamientos que te pasan por la cabeza sin que seas consciente, del tipo: «¡Vaya! A ella le van las cosas mucho mejor que a mí» o «Me odia». Son una serie de valoraciones e interpretaciones pesimistas que te pasan por la cabeza y que los aceptas como hechos.

- Los NAT son pensamientos habituales que ni siquiera percibirás. Aparecen y desaparecen con la rapidez de un rayo. El problema es que, por lo general, son plausibles, por eso los aceptas como verdades a pesar de que la noción sea irreal e irracional.
- Los NAT provocan que te sientas fatal, e interfieren en todo aquello que es importante.
- Los NAT son contagiosos. Uno puede reproducirse rápidamente en tres, cuatro o cinco pensamientos negativos.

¿Por qué los NAT son nuestro enemigo y deben ser destruidos?

Las investigaciones han demostrado que, cuando nos sentimos deprimidos, la mente extiende la alfombra roja a los pensamientos automáticos negativos y les da la bienvenida con los brazos abiertos. El precursor de la TCC, el doctor Aaron T. Beck, descubrió que los NAT generan una mala interpretación de situaciones así como una atención selectiva a experiencias negativas, y que, además, estimulan la mente para bloquear cualquier prueba que no siga tu visión pesimista. En suma, son una pesadilla y te has de librar de ellos.

Si detectaras los NAT cada vez que emergen en tu mente y te tomaras una pausa para analizar cada uno de ellos de forma objetiva, sin lugar a dudas te darías cuenta de que habías llegado a una conclusión carente de sentido. Sin embargo, la mayoría de las veces ni siquiera serás consciente de tales pensamientos porque están profundamente arraigados en la psique. «Mi novio se está cansando de mí»; «Nunca conseguiré ese ascenso, así que no vale la pena ni que lo intente»; ¿Qué sentido tiene salir de fiesta, si nadie me dirigirá la palabra?».

A pesar de que sabes que algunos (por no decir todos) de tus pensamientos automáticos negativos son un sinsentido, eso no significa que no sean importantes. ¿Por qué? Pues porque te parecían completamente razonables en ese momento, lo que confirma que, sin duda, tu mente está procesando información de forma negativa. Si permites que ese juego continúe, solo conseguirás que tu estado anímico siga por los suelos.

Canaliza los pensamientos positivos

Cuando te sientes decaído, has de buscar pensamientos positivos de forma proactiva. Las investigaciones demuestran que el hecho de ser más consciente de las cosas buenas de la vida incrementa la felicidad y disminuye los sentimientos de depresión. Fijarse y prestar más atención a aspectos positivos preparará la mente para recurrir a ese método más a menudo en el futuro. Buscar aspectos positivos se convertirá en un hábito; corregirá tus prejuicios y te frenará a la hora de descartar hechos favorables o darlos por descontado.

✪ Piensa en dos (o tres) escenarios positivos

En el próximo capítulo analizaremos los doce tipos más comunes de pensamientos automáticos negativos y cómo pueden crearte un buen lío mental. De momento, sin embargo, centraremos la atención en los aspectos más básicos de este tipo de pensamientos nocivos. A continuación te proponemos un nuevo ejercicio: la próxima semana deberás pensar en tres situaciones positivas que te hayan pasado últimamente.

Sí, nada más que eso: solo tres situaciones positivas; luego escríbelas en la libreta antes de acostarte por la noche. Podría ser que alguien te abrió la puerta para que pasaras; o que el conductor del autobús vio que te acercabas corriendo y te esperó; o que se te cayó el móvil en plena calle y justo cuando te agachaste para recogerlo un cubo lleno de agua cayó desde un andamio exactamente donde tú habrías estado hablando si no te hubieras parado. ¡Cualquier cosa! Solo piensa en situaciones positivas y anótalas.

Ejemplo: la cita de Rach, los NAT en acción

Rach y Tom eran muy buenos amigos desde hacía años. Siempre habían sido inseparables, y a menudo la gente les preguntaba si eran pareja. Al principio, Rach reaccionaba con una carcajada ante los comentarios, pero en los últimos meses se había empezado a plantear por qué no eran pareja. Los dos se reían mucho (lo cual molestaba al resto del grupo, dado que no entendían su humor tan particular) y se pasaban todo el tiempo libre que tenían juntos. Con todo, nunca había sucedido nada entre ellos. Poco a poco, Rach se convenció de que su destino era estar juntos, lo que pasaba era que Tom todavía no se había dado cuenta.

Siempre habían sido muy cariñosos entre ellos, aunque sus abrazos y caricias solo denotaran una buena amistad. En los últimos meses, sin embargo, Rach empezó a esmerarse más con su apariencia y a prestar a Tom otra clase de atención, flirteando cada vez que tenía ocasión. Tom no se daba cuenta del cambio. Pasaron tres meses y Rach empezó a impacientarse, así que decidió que, o bien se lo decía abiertamente, o bien lo seducía con descaro. Incluso había pensado en las ventajas y en los inconvenientes de tomar la iniciativa y besarlo en la boca:

Ventajas: Quizá me devuelva el beso, lo que supondrá el inicio de una relación sentimental.

Inconvenientes: Quizá me rechace, en cuyo caso alegaré que han sido los efectos del alcohol, y será otra anécdota divertida a incluir en nuestro repertorio. ⋯⋮

⋯⋗ La próxima vez que salieron juntos con el resto de sus amigos, Rach estaba lista. Se había pasado días mentalizándose para ese momento. Su vida estaba a punto de dar un giro, y se sentía hermosa, divertida, lista y sexy. Tom apareció en el bar y presentó su nueva novia, Alex, a todo el mundo.

Alex era hermosa, divertida, lista y sexy.

Alex era dos años más joven que Rach.

Alex tenía un trabajo apasionante y ganaba un montón de dinero.

Alex elogió el vestido nuevo de Rach.

Alex era la nueva Rach de Tom.

Aquella noche, Rach buscó una excusa para marcharse antes. A lo largo de los siguientes meses, se sintió fatal. Sus pensamientos durante ese período podrían resumirse como:

◆ Soy la tonta más tonta del universo
◆ Todos deben de estar riéndose de mí
  o compadeciéndome
◆ ¿Cómo se me ocurrió pensar que alguien tan maravilloso como Tom pudiera fijarse en mí?
◆ He perdido a mi mejor amigo por ser una imbécil
◆ Jamás encontraré a nadie tan perfecto para mí como Tom
◆ Odio a todos los que tienen una relación feliz

Al cabo de una semana, razona por qué han sucedido esas situaciones positivas. Es el aspecto más importante del ejercicio. De ti depende determinar por qué pasan las cosas y encontrar su cara positiva. Por ejemplo: puedes decidir que el conductor del autobús te esperó porque el día anterior le sonreíste o simplemente porque es un tipo simpático. O puedes pensar que no te cayó el cubo de agua encima porque era tu día de suerte. Estas razones harán que veas el mundo —y por reflejo, a ti mismo— bajo un prisma más positivo.

Sé agradecido

Prestar la debida atención a circunstancias más positivas (anotándolas en la libreta) es una forma sencilla de levantar el ánimo e impregnarte de emoción y de pensamientos positivos. Las personas que aprecian lo que tienen hallan motivos para estar agradecidos por lo que les pasa; ven el lado positivo de las cosas y tienden a ser más felices, sanas y a sentirse más realizadas. Los estudios demuestran que la gratitud puede incrementar los niveles de felicidad entre aquellos que la practican. Sentirte agradecido y expresar aprecio hacia los demás hará que te sientas más lleno de energía, optimismo y empatía. Las personas que aplicaron la estrategia «Piensa en dos escenarios positivos» durante solo una semana, admitieron sentirse más felices incluso hasta transcurridos seis meses de la prueba, así que no hay motivo para que abandones el método si este funciona para ti. Intégralo en tu rutina diaria, y verás con qué rapidez se te levantará el ánimo.

✪ Tu mapa mental positivo

Elige una de las situaciones que has anotado en la estrategia «Piensa en dos escenarios positivos» y rellena un mapa mental centrándote en cómo te sentiste cuando sucedió, tanto física como mentalmente, anota tus pensamientos al respecto y tu comportamiento. A continuación, incluimos un mapa de ejemplo:

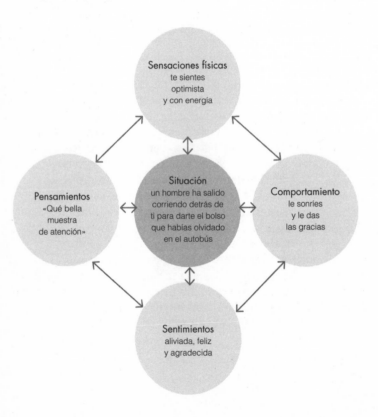

Este ejercicio debería demostrarte que pensar en positivo es contagioso. Te sentirás mejor —tanto física como mentalmente— y tu conducta será más positiva.

Delitos de pensamiento

Ahora que ya sabes lo que son los NAT, es importante que aprendas de dónde provienen para que puedas atajarlos de raíz. Cuando estás estresado o cansado, tus inseguridades crecen; es la forma divertida de la vida de ponerte a prueba. ¿Te sientes perdido? ¿Necesitas sentirte más seguro? «No es extraño —dicen tus pensamientos—, ya que eres un verdadero inútil. ¡Cualquiera te da mil vueltas!». Con la invasión de las redes sociales, existen más oportunidades de establecer conjeturas y comparaciones paranoicas. En esa forma no verbal de «conversar» con la gente ni tan solo tienes el lujo de basarte en pistas visuales ni de entonación. ¿Por qué no ha puesto un beso al final de ese mensaje de correo electrónico, tal como suele hacer? ¿Ha escrito «LOL» con segundas? ¿Está bromeando cuando dice «¡Anda ya!» o es que en realidad se ha molestado? Con cada nuevo clic, se nos abre otra gran oportunidad de nuevas dudas. Pero tú puedes combatir este conflicto.

Los tres delitos de pensamiento más importantes que atentan contra la felicidad

1. Compararte con los demás
2. Ponerte en posición de fracasar
3. Insistir en todo lo malo

Delito de pensamiento 1: compararte con los demás

Compararte con alguien es algo normal. Todo el mundo lo hace; forma parte de la naturaleza humana: la supervivencia del más fuerte. Sin embargo, cuando te sientes triste, tus comparaciones se vuelven nocivas y totalmente injustas, ya que solo te comparas con aquellos que te parecen mejores que tú (comparaciones hacia arriba) y descartas a cualquiera que esté peor que tú (comparaciones hacia abajo). Deliberadamente, elegirás tus peores defectos y todo aquello con lo que nunca te has sentido cómodo, y los compararás con las mejores virtudes de tus amigos, compañeros de trabajo, o incluso con absolutos desconocidos. Pensarás: «Alice ha llegado más lejos que yo, y eso que tenemos la misma edad» en lugar de «Alice ha llegado más lejos que yo porque su padre, que es un tirano, la castiga si no destaca en todo». O: «Stacy tiene un marido perfecto; yo, en cambio, ni tan solo tengo novio» en lugar de «¡Qué suerte que Stacy tenga un marido tan maravilloso que incluso se avenga a vivir con su suegra». Quizá también te compares con personas famosas: «Nunca tendré el aspecto de Scarlett Johansson». ¡Por supuesto que no! Ni la propia Scarlett Johansson tiene ese aspecto tan radiante si le quitas sus entrenadores personales, cocineros, estilistas y maquilladores. (Sin ánimo de ofender, Scarlett.)

Desestimarás cualquier información que sirva para colocarte en una posición mejor —o para ver las cosas más equitativamente—. Si no encaja con tu punto de vista negativo acerca de ti mismo, la eliminarás.

✪ Combate las comparaciones

La próxima vez que te dé por compararte con alguien, asegúrate de que se trate de una comparación justa —tanto para ti como para el individuo con el que te comparas—. Y si realmente a esa persona las cosas le van mejor que a ti, usa esta frase a modo de inspiración: «Si Alice puede hacerlo y no somos tan diferentes, quizá yo también pueda». O, mejor todavía, no recurras a las comparaciones. En vez de eso, concéntrate en todo aquello que te va bien en la vida, y establece tus propios objetivos en los que basarás tu confianza en lugar de malgastar toda la energía buscando aspectos en los que crees no estar a la altura.

Delito de pensamiento 2: ponerte en posición de fracasar

Si te sientes deprimido, es probable que pienses que todo te va mal (sobre todo tomando como ejemplo ciertos aspectos que están fuera de tu control) como una señal de tus limitaciones personales. Te marcarás unos estándares imposibles de lograr, y te prometerás que te sentirás mejor si lo consigues. Por desgracia, es imposible que los consigas —porque nadie podría o porque está del todo fuera del alcance de tus manos—. «El año que viene, por estas fechas, tendré un trabajo nuevo»; «El año que viene, por estas fechas, estaré embarazada»; «En la siguiente reunión con mi jefe para valorar mi trabajo, conseguiré un aumento de sueldo». Cuando no consigues tales objetivos, te sientes muy crítico contigo mismo: «Otros lo han conseguido, ¿por qué yo no?»; «Siempre he de meter la pata». Asimismo, estarás constantemente subiendo el listón de tus objetivos, de modo que no importará si logras alguno, ya que tus requisitos personales para «tener éxito» habrán cambiado.

Nadie es perfecto. Nadie. Ni tan solo tu vecino tan increíblemente atractivo que tiene un trabajo la mar de guay en una agencia de publicidad (aunque la verdad es que acaba de pedir otro préstamo por encima de sus posibilidades). Siempre fracasarás si intentas alcanzar un ideal imposible. Es como autolesionarte —estás 99 por ciento seguro de que no lo conseguirás, y ya casi te estás preparando para despreciarte y reprenderte sin piedad.

PARA DE UNA VEZ.

No te propongas alcanzar lo imposible, y deja de amonestarte por no ser capaz de lograr unos objetivos que no son en absoluto realistas. Si te siguiéramos por todas partes durante el día, susurrándote las cosas terribles que te dices a ti mismo, pensarías que somos unas personas horribles, abusonas; sin embargo, tú te estás maltratando de forma constante y ni te das cuenta. Puedes alegar que te motiva esmerarte más en el trabajo y obtener más resultados pero, en realidad, lo único que haces es desmotivarte y abocarte al fracaso.

Las críticas constructivas e imparciales son saludables, pero las críticas a uno mismo no suelen serlo. Has programado tus pensamientos para ser siempre negativos, como un entrenador personal que siempre esté bramando: «¡Maldito vago! ¡Vamos, esfuérzate más!» en lugar de animarte con «¡Eso está mucho mejor!». La mayoría de los entrenadores y profesores saben que las críticas constructivas han de estar equilibradas con halagos, si de verdad quieres motivar a alguien. Si solo comentas los aspectos negativos, puedes destrozar la motivación, e incluso provocar el deseo de tirar la toalla.

✪ Una dosis de consejos positivos

La próxima vez que estés en apuros, evalúa la situación tal como harías con un amigo. Básicamente, intenta tener compasión en lugar de mostrarte tan crítico contigo mismo, y busca tus puntos fuertes así como las facetas que puedes mejorar. Si un amigo te pidiera ayuda, tu instinto te empujaría a mostrarle tu apoyo y a animarlo; procura canalizar una parte de esa buena predisposición hacia ti mismo. Pregúntate: «¿Qué diría X si le planteara mi problema?». (Y asegúrate de que X sea una persona justa y razonable, no tu peor enemigo.) Intenta aplicarte los consejos que crees que te daría esa persona. Marcar un poco de distancia del tema y enfocarlo desde otra perspectiva puede hacer que te des cuenta de que has exagerado algunos aspectos, que no hay para tanto o que necesitas analizarlo desde un ángulo diferente. Si lo interpretas de este modo, tendrás más probabilidades de progresar de forma positiva en esa cuestión que tanto te angustia.

Delito de pensamiento 3: insistir en todo lo malo

Cuando te sientes deprimido, infravaloras tu capacidad para valerte por ti mismo, de modo que cuando un contratiempo te conduce a un NAT tienes la impresión de que nunca lo superarás. Es como ver el mundo a través de unas gafas empañadas: todo resulta más triste y más oscuro. Todo tiene un enfoque negativo, incluso tú muestras una propensión a hurgar en recuerdos negativos.

Y no solo es el primer NAT el que te provoca tal malestar; ese primero deriva en otros:

«¡Vaya! ¡Menudo fracaso!» ⟶ «Es que nunca me sale nada bien» ⟶ «La vida no es justa» ⟶ «Será mejor que desista»

O

«Estoy perdiendo el tiempo» ⟶ «No le encuentro el sentido a nada» ⟶ «A nadie le importa lo que hago» ⟶ «Será mejor que desista»

Esta tendencia a realizar generalizaciones demoledoras cuando nos sentimos fatal es una práctica muy común. Algo que te pasó únicamente a ti se convierte en una representación de la injusticia universal. Pasarás de la realidad sobre aquello que sucede a tu alrededor a lo que pasa por tu cabeza. Sin embargo, a pesar de que llevas días, semanas o meses abrumado con tales pensamientos, no estás realizando progresos; no estás haciendo nada para resolver el problema, solo hurgar en la llaga.

✪ La prueba del algodón

Cuando insistes en una experiencia negativa, lo que haces es revivirla, tanto física como mentalmente. A continuación, te proponemos un ejercicio para que te des cuenta del espectacular poder de los pensamientos:

◆ Piensa en la cena más deliciosa que jamás hayas degustado. Imagínate la comida en el plato. Admírala. Luego imagínala en el tenedor, de camino hacia la boca. Recuerda el gusto en la lengua. ¿Se te hace la boca agua?

◆ Ahora piensa en alguien que te guste. Fantasea acerca de dicha persona en una situación comprometida que te excite. Si realmente te estás concentrando en el pensamiento, deberías notar un escalofrío en el cuerpo, un cosquilleo en los dedos, mariposas en el estómago, e incluso puede que se te dilaten las pupilas

◆ Recuerda la tontería más monumental que hayas cometido durante una noche de juerga y borrachera. Revive el momento con el máximo detalle. ¿Te estás sonrojando o estás hundiendo la cabeza?

◆ Recuerda la película de terror más pavorosa que jamás hayas visto. Sitúate en el contexto e imagina que esa pesadilla te está pasando a ti, justo en este momento. Es posible que se te acelere el ritmo cardíaco; quizá sientas una leve sudoración o una sensación incómoda de tensión en el pecho

Sin lugar a dudas, los pensamientos, la imaginación y los recuerdos consiguen estimular cómo nos sentimos física y emocionalmente, así que la próxima vez que te pilles hurgando en un pensamiento negativo, usa los sentimientos a modo de guía para aprender cuándo tienes que parar. Pregúntate: «¿Cómo me siento?». Si la respuesta es «mal», entonces desvía la atención hacia otro tema. Elige de forma consciente pensar en otra cuestión y hacer otras cosas. Recuérdate: «Esto no me lleva a ningún lado» (lo cual es cierto, si no no estarías planteándote la cuestión) y centra el interés en otro tema, ya sea preparar una taza de café o de té, llamar a un amigo o salir a correr. Confía en tus sentimientos; ¿por qué continuar torturándote y sintiéndote fatal?

Escribe algunas frases de ánimo en notas adhesivas y escóndelas en lugares donde puedas encontrarlas cuando te sientas deprimido. Por ejemplo, si tienes un jefe que es un verdadero tirano, escribe: «Es su problema», y cada vez que se comporte de una forma abominable, echa un vistazo a la nota y recuérdate que el que tiene el problema es él, no tú. Los pensamientos pueden cambiar el futuro o desbaratar el pasado, así que hurgar en la llaga o plantearte nociones dañosas es una pérdida de tiempo. En vez de eso, usa los conocimientos que ahora tienes para preparar un plan positivo sobre cómo reaccionar la próxima vez que te invadan tales pensamientos.

Los «imperdibles» del capítulo

✓ Cultiva el optimismo: busca el lado bueno de las cosas.

✓ ¡Los pensamientos no son hechos! Reconoce los NAT cuando pasen de forma fugaz por tu cabeza.

✓ Sé justo; si vas a centrarte en lo que no funciona, entonces presta la misma atención a lo que funciona. ¡Sé tu propio animador!

Capítulo **8**

¿Quién te crees que eres?

En este capítulo te presentaremos los doce ENAT más habituales y más peligrosos. Los analizaremos y, lo más importante, los neutralizaremos. Comprender su esencia te proporcionará la capacidad de destruirlos cada vez que asomen la nariz.

Pienso luego existo

Ahora que ya sabes qué son los NAT y lo peligrosos que pueden ser, estarás más suspicaz cuando irrumpan en tu cabeza como un rebaño de cabras desbocadas. Existen doce categorías diferentes de NAT, y las hemos descrito todas aquí. Por desgracia, cuando te sientes desdichado, hay muchas probabilidades de que, tarde o temprano, afloren todas. Equípate con nuestras reglas de oro para repelerlas.

Pensamiento monocromo

Lo tuyo es la visceralidad: o todo blanco o todo negro. Si tu rendimiento no raya la perfección, te sientes un completo fracasado. Has establecido unos objetivos ridículos que son casi imposibles de alcanzar a fin de que puedas reprenderte con saña. Si por arte de magia consigues tu objetivo, hallarás algún defecto para poder recriminártelo. ¿Ese aumento de sueldo tan esperado? Podría haber sido más sustancioso. ¿Seis minutos por kilómetro? Deberían había sido cinco.

Regla de oro: Acepta el término medio entre bueno y malo, entre perfecto y fracaso. Establece un objetivo realista y prométete que, si lo consigues, te darás una palmadita en la espalda. ¡Vamos, inténtalo!

Tendencia a la generalización

Te fijas en un único aspecto negativo y lo clasificas como una pauta que se repetirá sin remedio. ¿No has conseguido ese ascenso? Eso es porque nunca conseguirás una promoción. ¿Ese chico que te gustaba solo tenía ojos para tu amiga? Eso es porque los hombres siempre se fijan en ella. La pauta de tus pensamientos se caracteriza por las palabras «nunca» y «siempre».

Regla de oro: Cambia «nunca» y «siempre» por «esta vez no» o «a veces».

Con puntillo

Eliges un único aspecto negativo y te obsesionas con él hasta perder la perspectiva global de la situación. Es como encontrar una diminuta grieta en tu taza favorita y, de repente, aborrecer la cocina entera. Has hecho una magnífica presentación en el trabajo pero te has encallado en la palabra «antidesestablecimiento». ¿A quién le importa? Si incluso tus compañeros de trabajo se han reído. Sin embargo, a ti sí que te importa. No deberías haberte encallado. ¡Solo un idiota se encallaría en esa palabra! Y sabes que tus compañeros se reían con mala intención, sí, se reían de ti.

Regla de oro: Necesitas poner las cosas en perspectiva. Si el 99 por ciento de tu presentación ha sido estupendo y el 1 por ciento no, entonces presta el 99 por ciento de tu atención a los resultados estupendos y el 1 por ciento al resto.

Infusión de positivismo

Rechazas una experiencia positiva porque insistes en que «no cuenta» por cualquier motivo, de modo que puedas mantener tus opiniones negativas. Después de lamentarte durante semanas de que tu jefa no sabe apreciar tu trabajo y que simplemente lo da por hecho, ella te envía un mensaje de correo electrónico —con copia a todos los miembros de tu equipo— en el que te agradece el gran esfuerzo y el magnífico trabajo. Fantástico, ¿no? Pues no. Seguro que le han dicho que tú te estabas quejando de su falta de reconocimiento y esta es su forma de vengarse con sutileza, para darte a entender que te tiene vigilada.

Regla de oro: Encuentra el equilibrio y sé justo contigo mismo. Acepta que las cosas buenas suceden, y cuando son el resultado de tus acciones, reconoce tus propios méritos. Congratularte por tus logros te motivará y te aportará ganas de esforzarte.

Engaño telepático

No, no puedes leer los pensamientos; lo sentimos, pero no. Una ceja enarcada y un ojo cerrado como una rendija no significa necesariamente que alguien esté planeando tu caída inmediata. Intentas vislumbrar algo que no ha pasado, y tu análisis adoptará los colores de tus sentimientos en ese momento. Si te sintieras totalmente eufórico y pillaras a tu amiga sonriéndote con una risilla sardónica, probablemente pensarías: «¡Seguro que se me nota que estoy encantada!», pero si la pillaras riendo igual cuando tú te sientes insegura, pensarías: «Se ha dado cuenta del estrepitoso ridículo que acabo de hacer, seguro».

Regla de oro: Nadie puede leer los pensamientos, así que no intentes pronosticar lo que los demás piensan, especialmente cuando te sientes deprimido. Si de verdad te mueres de ganas de saber lo que alguien está pensando, lo más indicado es que se lo preguntes directamente.

El error del adivino

Anticipas que las cosas saldrán mal y actúas como si fuera una verdad irrefutable. Ello hará que la gente piense que eres muy perfeccionista durante un par de días, pero, al cabo de un tiempo, interpretarán tu actitud como autocomplaciente. Pensar que va a pasar lo peor supone una profecía en sí misma dado que actúas de forma negativa. Ten cuidado: si sigues diciendo «No, no soy lo bastante bueno para lograrlo», otras personas también empezarán a creerlo.

Regla de oro: Tacha esa autocrítica porque llevas todas las de perder. Si lo haces bien, ni te inmutas; en cambio, si lo haces mal, no te sentirás mejor repitiéndote que ya sabías que iba a suceder. Un comportamiento positivo conllevará resultados positivos. Líbrate de las predicciones negativas para estimularte y creer en ti.

Los prismáticos invertidos
Exageras la importancia de tus errores mientras restas importancia a tus logros. «Sí, he ganado un premio. ¡Y qué! Estoy seguro de que me hice un lío en la última tarea». Ser capaz de aceptar un cumplido es señal de madurez. Una cosa es ser modesto y otra es ser un poco arisco. Recuerda que, cuando minimizas tus logros, estás indirectamente minimizando los logros de otras personas, también. Si no te sientes satisfecho incluso después de haber ganado un premio, ¿qué lectura se puede extraer acerca de la gente que ni tan solo ha ganado el premio?

Regla de oro: Reconoce que has llegado hasta donde estás gracias a tus logros, no a tus errores.

Augurar catástrofes
Atribuyes consecuencias horribles a los resultados de los actos, por lo que parece que sea imposible controlar la situación. «Si la veo en la fiesta, acabaré llorando y fastidiando a todo el mundo. Será mejor que no vaya». El mundo no se autodestruirá si metes la pata de vez en cuando.

Regla de oro: Descarta todos los «¿Y si...?». Te estás preocupando por algo que todavía no ha sucedido y que probablemente no suceda. Pregúntate: «¿Es realista que suceda lo peor?» y luego: «Si sucede lo peor, ¿sobreviviré?». Ten fe en tu capacidad de gestionar las situaciones.

Estoy triste; por consiguiente, todo es gris

Supones que tus emociones negativas reflejan el mundo en realidad: «Es lo que siento, así que es verdad». Creas un mal día cuando no hay necesidad. Contagiarás tu mal humor como una gripe virulenta. «¡Qué asco de día!» «¡Menudo rollo de reunión!».

Regla de oro: Solo porque te sientas fatal no significa que todo lo que pase tenga que ser malo. No uses tus sentimientos como una guía sobre cómo saldrán las cosas; en lugar de eso, utiliza la teoría de «acción opuesta»: haz aquello que menos te apetezca hacer. La depresión quiere que te encierres en casa y te sientas como un inútil; por consiguiente, si desobedeces y te enfrascas en acciones que requieran mucho esfuerzo —quedar con tus amigos, ir a trabajar— te sentirás mejor en una diversidad de aspectos.

Debería, podría, tendría...

Intentas motivarte con «debería» y «no debería», como si necesitaras un azote o un castigo. «Debería haber sonreído al jefe cuando me he cruzado con él. Seguro que piensa que soy un maleducado» o «No debería haber sonreído al jefe cuando me he cruzado con él. Seguro que piensa que soy bobo».

Regla de oro: Cambia la palabra «debería» por «habría/haré» o «podría/haré», que tienen unas connotaciones más reconfortantes, de modo que los pensamientos se conviertan en «habría podido sonreír/no sonreír al jefe. Lo haré/No lo haré la próxima vez que me cruce con él». O «Podría haberle sonreído al jefe. Lo haré la próxima vez».

¿Por qué siempre yo?

Crees que los hechos negativos son producto de tus defectos personales, y asumes la responsabilidad de circunstancias que no te atañen. Básicamente, todo gira en torno a ti. Eres el centro de este triste universo, pero puesto que te estás comportando de una forma tan pesimista y autodifamatoria, no reconoces que es un pensamiento egoísta, egocéntrico. La obsesión con uno mismo puede formar parte del modo de pensar «soy un inútil», igual que el pensamiento «soy fabuloso». Por ejemplo, si se te cae algo y se rompe, pensarás: «soy un patoso» en lugar de «ha sido un accidente. ¡Qué pena!». O si alguien te mira mal, pensarás «me está fulminando con la mirada» en lugar de «siempre fulmina a todo el mundo con la mirada».

Regla de oro: Recuerda: el mundo no gira en torno a ti. La próxima vez que pienses en algo negativo, intenta no personalizarlo. Elimina el aspecto «yo» e interprétalo dentro de un contexto más amplio.

Saborear el fracaso

De acuerdo, así que te ha pasado algo horrible, pero tú sigues reviviéndolo sin parar, una y otra vez, mentalmente. Estás obsesionado con lo que te ha sucedido. Te invade una extraña sensación de satisfacción al revivir el dolor a todas horas. Consideras que no mereces sentirte bien; ni siquiera crees que puedas recuperar la sonrisa en la vida.

Regla de oro: Mantén una actitud proactiva; no mires hacia atrás. Te creemos, fue una mala experiencia, pero ¿de verdad es el fin del mundo? Y si de verdad crees que es el fin del mundo, busca la forma de superar el mal trago o saca conclusiones de la lección. Puedes elegir hurgar en la llaga o reflexionar. Hurgar en la llaga significa insistir en algo que no puedes cambiar; reflexionar, en cambio, significa recurrir a los conocimientos que ahora tienes a tu disposición para poder seguir adelante.

La revaluación de los NAT desde la perspectiva de un observador objetivo animó a Rach a ver su posición desde un punto de vista diferente. Le pedimos que llenara un mapa mental en base a esta nueva perspectiva.

El mal trago de Rach

Después de sentirse fatal durante meses, Rach decidió hablar con un profesional de la salud que consiguió frenar su ciclo de recriminación y la animó a revaluar sus NAT. Rach se quedó de piedra al constatar que lo que le había pasado había alterado su perspectiva de la vida por completo.

Escribió los pensamientos que resumían cómo se sentía y contestó como si le estuviera dando consejo a una amiga, usando las reglas de oro a modo de guía. A continuación, te ofrecemos el resultado:

◆ «Estoy tan avergonzada que no me atrevo ni a mirar a nadie a la cara.»
Augurar catástrofes
La verdad es que no has hecho nada de lo que debas avergonzarte. Podría haber sido mil veces peor. Lo único que hiciste fue enamorarte de tu amigo.

◆ «Todos deben de estar riéndose de mí
o compadeciéndome.»
Engaño telepático
Deja de intentar leer los pensamientos de la gente.
Solo porque no puedas dejar de pensar en el tema no
significa que al resto del mundo le pase lo mismo.
No eres la primera persona que se enamora de alguien
y que no es correspondida. Muchos hemos estado en
esa posición; tarde o temprano, tu orgullo lo superará.
¡Por lo menos tuviste agallas para intentarlo!

◆ «Cada vez que pienso en lo que pasó, me muero de
vergüenza.»
Saborear el fracaso
Solo porque no puedes creer que te equivocaras de
una manera tan estrepitosa. El aspecto positivo es que,
por lo menos, ahora conoces los sentimientos de Tom
y ya no hay más dudas «¿y si...?». ¿Cuántas veces
alguien se ha sentido atraído por ti y tú no le has
correspondido? No desprecias a esa persona que se
sentía atraída por ti, ¿verdad? Así que ¿por qué Tom
debería despreciarte? ¡Seguro que se siente adulado!

◆ «Jamás encontraré a nadie tan perfecto para mí como
Tom.»
El error del adivino
No puedes predecir el futuro, y no existe ninguna razón
para pensar que no encontrarás a alguien especial.
Tom no fue nunca perfecto para ti, ya que, de ser así,
estaría contigo. Es duro, pero es la verdad.

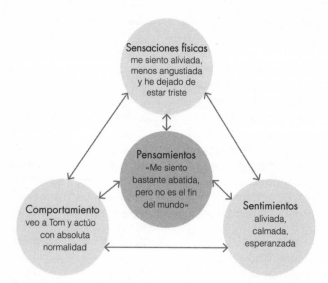

✪ Tu mapa mental de pensamientos negativos

Ahora te toca a ti. Elige el último pensamiento negativo que hayas tenido y que te haya afectado de verdad; a continuación, escríbelo en tu mapa mental. Reflexiona. ¿Cómo te sentiste emocionalmente? (¿triste, enfadado, asustado, avergonzado?) ¿Y físicamente? (¿cerraste las manos en un puño, sudabas, notaste que se te aceleraba el corazón, te temblaban las manos, sentías náuseas o cansancio?) ¿Cómo reaccionaste? (¿te quedaste callado sin responder a las preguntas pese a saber las respuestas, abandonaste la sala dando un portazo, iniciaste una discusión, reaccionaste a la defensiva?)

Solo el acto de escribir y reconocer los pensamientos negativos automáticos, hará que seas más consciente de cómo funcionan.

En lugar de permitir que circulen libremente por la cabeza

y te desestabilicen, detectarlos te permitirá identificar qué es lo que te provoca el malestar. A partir de ahí, tendrás tres opciones:

1. Reconocer el pensamiento, aceptarlo y seguir sintiéndote mal, o incluso empezar a sentirte peor.
2. Reconocer el pensamiento y «soltarlo». Detectarlo y reconocer su importancia en el momento, y después no prestarle más atención.
3. Reconocer el pensamiento y desafiarlo. Recuerda: ¡Los pensamientos no son hechos!

NUESTRO CONSEJO ES QUE TE DECANTES
POR UNA DE LAS DOS ÚLTIMAS OPCIONES.

La meditación *mindfulness* o de atención plena

De las opciones arriba mencionadas, quizás hayas pensado que la opción 2 es un tanto extraña. ¿Cómo puedes reconocer los pensamientos negativos y luego «soltarlos», sin más? Buena pregunta, pero es posible. Pese a que creemos que necesitas cambiar de raíz tu forma de pensar para no experimentar más NAT —o, por lo menos, no tantos— (ver capítulo 9), el proceso puede ser difícil. Así pues, mientras decides con cuál de las tres opciones te quedas, hay algo que puedes hacer para aliviar el malestar provocado por los NAT.

En el capítulo 5, en el ejemplo del trayecto hasta tu lugar de trabajo, ya hablamos de la posibilidad de tomar más conciencia de ti mismo a través de fijar la atención en tu cuerpo y en todo aquello que te rodea. Es la técnica denominada *mindfulness* o de atención plena, que consiste en tomar conciencia del momento presente, ser consciente de tu entorno y de ti mismo; se trata de reconocer los pensamientos tanto positivos como negativos, aceptarlos y luego soltarlos.

Quizá la noción te suene un tanto difusa, pero es una filosofía con siglos de tradición en las culturas orientales. La atención plena requiere aprender a tratar los pensamientos como meros pensamientos, y las emociones como meros sentimientos —son lo que son, no te definen—. Reconócelos como sucesos mentales transitorios que llegan y se van, en lugar de aspectos genuinos (es decir, partes intrínsecas de tu personalidad) o un reflejo de una verdad objetiva (eres un inútil y todos lo saben). La atención plena minimiza el daño provocado por los malos pensamientos, ya que altera la naturaleza de tu relación con ellos. El objetivo es asumir el control de la mente en lugar de dejar que la mente te controle —reconocer el pensamiento, ser consciente de él, pero luego soltarlo y no pensar más en la cuestión.

Según un artículo de la revista *Frontiers and Human Neuroscience*, se ha demostrado que la atención plena otorga a las personas que sufren depresión el control de sus propios niveles de depresión y de ansiedad; incluso se ha demostrado que ayuda en casos de dolor físico crónico. Otros estudios han descubierto que esta terapia puede cortar la depresión recurrente en un 50 por ciento.

Este proceso meditativo se vincula a la siguiente imagen: te sientas en la orilla de un río; una hoja flota en el agua, y tú tomas conciencia del objeto. Lo ves, lo reconoces, pero luego la hoja se aleja río abajo, empujada por la corriente, hasta que la pierdes de vista. Por si no lo has adivinado, la hoja representa tus pensamientos —los reconoces y luego los sueltas sin intentar cambiarlos; te alejas de ellos sin juzgarlos—. Es una forma de pensar y de actuar muy diferente, pero increíblemente efectiva para ser más feliz.

✪ Aplícate a fondo en la atención plena

Una forma sencilla e informal de poner en práctica esta terapia es tomar conciencia del momento presente.

Lo único que tienes que hacer es orientar tu atención plena hacia cualquier actividad que estés llevando a cabo, ya sea comer, caminar, conducir o vestirte. Hacemos tantas cosas de forma mecánica que incluso podemos no ser conscientes de lo que estamos haciendo. Tienes que empezar a prestar atención a lo que haces y a emplear todos los sentidos. ¿Qué puedes oler, sentir, escuchar, paladear y ver?

Si necesitas ayuda para desconectar de cualquier interferencia del mundo exterior, prueba la técnica de la vocalización interna. Recita (usando la ducha como ejemplo):

Inhalo.
Sé que estoy tomando una ducha.
Exhalo.
Noto el agua caliente resbalando por la piel.
Inhalo.
Paladeo el agua.
Exhalo.
Oigo cómo cae a mi alrededor.
Inhalo.
Veo cómo se origina el vapor alrededor de mis pies.
Exhalo.
Huelo el aroma del champú.

Este ejercicio te permitirá tomar conciencia, tanto física como mental, de lo que sucede en este preciso instante. Es una técnica muy poderosa, y cuánto más la practiques, menos pensamientos traidores del tipo: «Esto no funciona» o «¿Me he dejado el horno encendido?» se colarán en tu mente. Es normal que tu mente divague, sobre todo las primeras veces que lo intentes, pero cada vez que te pierdas en otros pensamientos, oblígate a centrarte de nuevo en el presente, sin dejar que te invada la sensación de frustración, y sigue practicando. No te juzgues, simplemente relájate y concéntrate en lo que estás haciendo. A medida que vayas ganando confianza con esta técnica de meditación, los pensamientos negativos perderán su poder porque no les permitirás controlar tu mente.

Practica el ejercicio que te indicamos a continuación: imagínate en la orilla de un río, contemplando el agua que fluye despacio, mientras el sol ilumina la superficie con un intenso brillo. Fíjate en un imponente roble centenario; sus gruesas ramas cuelgan sobre el río. Mientras lo contemplas, una hoja se desprende de una de las ramas y planea por el aire hasta posarse en el agua, donde flota y se aleja de ti, arrastrada por la corriente. Cuando caiga la siguiente hoja, deposita uno de tus pensamientos en la hoja, sin juzgarlo ni pensar en él. En el momento en que la hoja toque el agua, fíjate cómo el río se la lleva, corriente abajo.

Sí, quizá te parezca bastante extraño si nunca has practicado técnicas de meditación, pero deja de lado tu escepticismo e inténtalo todos los días quince minutos durante una semana. Si realmente te aplicas en el ejercicio sin pensar en qué pensarán los demás ni permitir que intervenga tu vocecita interna que te cuestione lo que haces, verás que el ejercicio se vuelve cada vez más fácil; tu mente se relajará y tus pensamientos negativos no interferirán tanto. Funciona.

Con este enfoque informal, te estás obligando a tomar conciencia de tus pensamientos en este preciso instante y, sin darte cuenta, abandonarás el hábito tan estresante de ejecutar varias tareas a la vez (como por ejemplo repasar las tareas pendientes mientras conduces, comes o trabajas). Únicamente existes. Cuando domines esta técnica de meditación (y requiere práctica) serás capaz de desmarcarte de tus pensamientos y de estar presente en el mundo tanto si te sientes deprimido como abrumado. Podrás concentrarte de lleno en la actividad que estés realizando en ese momento al tiempo que dejas que los pensamientos negativos se diluyan hasta ser insignificantes.

Aplicar la conciencia plena en situaciones diarias te ayudará a apreciar la riqueza de las experiencias rutinarias, de los pequeños placeres y logros, esas cosas a las que ya no prestas atención o que has descartado desde hace tiempo. Incluso podrías establecer un aviso —la alarma del móvil, por ejemplo—, para que se active a menudo y te recuerde que has de aplicar la técnica de la conciencia plena.

Por supuesto, sería mejor si los pensamientos negativos no plagaran tu mente en primer lugar, pero eso es algo que trataremos en el próximo capítulo. Con todo, tener esta estrategia a mano significa que la próxima vez que te asalte el pensamiento «soy un inútil», serás capaz de abatirlo como harías con una mosca pesada.

Los «imperdibles» del capítulo

✓ Cuando desafíes tus NAT, pregúntate: «¿Qué le aconsejaría a mi amigo?». De esa forma, es más probable que te des unos consejos más justos a ti mismo.

✓ Practicar la técnica de la conciencia plena proporcionará a tu cabeza ese descanso tan merecido y te ayudará a apreciar la riqueza en las experiencias rutinarias, de los pequeños placeres y logros.

✓ Los pensamientos son solo pensamientos, y los sentimientos son solo sentimientos; no te definen.

Capítulo **9**

Toma las riendas de tus pensamientos

Ahora que estamos de acuerdo en que los pensamientos automáticos negativos (o los NAT) son unos diablillos perniciosos y mentirosos, ha llegado la hora de librarnos de ellos.

Cómo frenar los NAT

*L*os NAT son un mal hábito, como hurgarse la nariz, hacer crujir los dedos o aprenderse de memoria las letras de canciones espantosas. Bueno, de hecho, hay mil cosas peores. Los NAT pueden afectar tu vida entera; pueden hacer que todo parezca terrible y carente de sentido, hasta el punto de que empieces a odiarte a ti mismo. Por eso necesitas librarte de ellos.

Pese a las cosas más horrorosas que te hayan podido suceder, todavía puedes cambiar las pautas mentales acerca de lo que pasa y de lo que podría pasar en el futuro. Nunca es demasiado tarde para sentirte mejor. Y cuando empieces a pensar de un modo más positivo, te sentirás más fuerte y más capacitado para enfrentarte a cualquier circunstancia. Ello hará que actúes con más determinación y firmeza. Nunca olvides lo valiente que eres por intentar sentirte mejor. Cuesta tanto aunar el coraje para enfrentarte a tus temores...

Si se tratara de una sesión de orientación y apoyo psicológico, ahora sería el momento de propinarte una palmadita en la espalda.

✪ Cómo frenar los NAT

◆ Retrocede hasta la sección «Pienso, luego existo» del capítulo 8. ¿Has reconocido alguna pauta mental en las doce categorías listadas? ¿Sí? Eso es bueno, porque estás admitiendo tu hábito —eres adicto a pensar de forma negativa—, y confesarlo te ayudará a dejar de hacerlo.
◆ Si no has reconocido ninguna de esas pautas mentales, probablemente te estés autoengañando (o eres una especie de superhéroe emocional). Virtualmente todos nosotros, tanto si estamos deprimidos como si no, caemos en esas trampas de pensamiento negativo de vez en cuando. Necesitas volver a repasar las doce categorías y ser

realmente honesto contigo mismo. Si sigues convencido de que ninguna de ellas te representa de forma adecuada, pregunta a un amigo o a un familiar cuáles de ellas te atribuirían. Si de verdad quieres sentirte mejor, tendrás que aceptar su opinión. Intenta agradecérselo, en lugar de responder con un puñetazo.

◆ Ahora que lo has admitido, puedes hacer algo al respecto. Toma las reglas de oro de cada categoría que creas que te representan e intenta adaptarlas a tus procesos mentales. Debería ser más fácil reconocer los NAT cuando asoman en tu cabeza ahora que sabes identificarlos. (Es como cuando, de repente, ves anuncios por todas partes —en pósteres, en revistas, incluso a alguien que lo está leyendo en el autobús— de un libro que quieres leer). Recuerda: estos pensamientos no han llegado sin que nadie los haya invitado; tú los has invitado. Necesitas librarte de ellos lo antes posible.

◆ Si tu amigo te dijera que se le acaba de ocurrir un pensamiento pavorosamente negativo, tú intentarías asegurarle que se equivoca o buscarías una solución. Pues bien, ¿por qué no te aplicas el mismo cuento? ¿Qué daño puede hacerte que intentes conseguir sentirte mejor? Cuéntale a un amigo tus pensamientos para obtener una opinión moderada, o, si no te sientes cómodo con esa posibilidad, sitúate en un plano imparcial e intenta darte la respuesta objetiva que le darías a tu amigo en la misma situación (como con Rach en el capítulo 8).

◆ La próxima vez que pienses en algo negativo, haz una pausa y evalúa el pensamiento. ¿Es eso cierto?

Si la respuesta es sí, pregúntate:

1. ¿Qué importancia tiene?
2. ¿Qué es lo peor que podría pasar?
3. ¿Qué es lo que probablemente sucederá?
4. Si eso pasa, ¿lo superaré?

Te calmarás de forma automática, ya que te darás cuenta de que tus temores ante el peor escenario no son realistas, y aunque pase lo peor, serás capaz de enfrentarte a las consecuencias.

Si la respuesta es no, pregúntate:

1. ¿Por qué he pensado en esa posibilidad?
2. ¿Puedo reconocer que estoy siendo injusto conmigo mismo?
3. ¿Qué le aconsejaría a un amigo?
4. He de darle la vuelta a la situación y pensar: «No es verdad porque...», luego reconocer y aceptar la evidencia contra tal pensamiento.

Si todavía no logras arrinconar el pensamiento, puedes usar la estrategia que exponemos al final del capítulo para fulminar esas ideas negativas y seguir adelante.

✪ Dossier de pensamientos

Es esencial probar y cuestionar los NAT. Si le preguntaras a un vendedor por qué el portátil que te intenta vender lleva una pegatina donde pone que es el mejor del mercado y el vendedor te contestara: «Porque yo creo que lo es», pensarías que no es un tipo de fiar. Exigirías una prueba antes de comprarlo, lo que es del todo razonable. No dirías simplemente: «O sea, que tú crees que lo es. De acuerdo; me parece una respuesta razonable. ¡Me lo llevo!».

Los pensamientos negativos como muleta de apoyo

¿Llevas tanto tiempo pensando en negativo que ni siquiera sabes por dónde empezar? Los NAT forman una masa compacta e infranqueable cuando uno intenta ser más feliz, pero no solucionarás nada si, por lo menos, no intentas vencerlos. A los NAT les encanta merodear por tu cabeza; actúan como okupas y están encantados con esa ocupación ilegal. No pienses que harán las maletas y se marcharán a otra cabeza por su propia voluntad; tendrás que echarlos a patadas.

A veces resulta más fácil adoptar el «si espero lo peor, nunca me sentiré decepcionado»; pero pensar siempre de forma negativa acerca de todo y de todo el mundo es extraordinariamente dañino. Afectará tu conducta, emociones y salud física.

El ser humano no está hecho para vivir en soledad; es una criatura social. Tus NAT están intentando engañarte para que pienses que te reconfortan, pero no es cierto. Si piensas constantemente de ese modo, te invadirá una sensación de aislamiento. Pregúntate: ¿Preferirías tener un punto de vista negativo o uno equilibrado? Creemos que si estás leyendo este libro es porque buscas un punto de vista equilibrado, lo cual es fantástico.

Si adoptas todas las estrategias que te proponemos, pronto te sorprenderás ante la gran mejoría en tu estado de ánimo y por cómo ha cambiado tu punto de vista respecto a la vida (mucho más positivo), fuera cual fuese tu problema

⋯⋮⋗ ¿Verdad que no tratarías a otras personas de la forma en que te tratas a ti mismo? Entonces, ¿por qué planteas una norma para ti y otra para el resto del mundo? Mereces sentirte mejor; solo te pedimos que pruebes las estrategias —pero en serio, con ganas— y verás la diferencia.

Comprobar la validez de algo es una actitud lógica y necesaria; es la base de todos nuestros criterios y de cómo interactuamos con la sociedad. En tu cabeza debería producirse el mismo proceso: necesitas empezar a cuestionarte los pensamientos que te afectan de una forma tan negativa.

Recuerda: siempre hay como mínimo dos caras de la misma historia. Si has cometido un error y has actuado de forma indebida, admítelo y reconoce los NAT que te han empujado a reaccionar de tal modo y razónalos. Por ejemplo, si has contestado mal a tu pareja sin ningún motivo e inmediatamente has pensado: «Muy propio de mí. Ahora estará enfurruñado todo el día y no me hará ni caso», añade el pensamiento: «Por lo menos, podría pedirle perdón. Él sabe que últimamente me siento estresado, por lo que estoy seguro de que lo comprenderá».

Es imprescindible que establezcas una distancia respecto a tus pensamientos para ser capaz de analizarlos de forma imparcial. Usa el dossier de la página 135 para anotar cualquier prueba a favor y en contra de un pensamiento angustioso. Busca los momentos en que tu estado de ánimo sufre un repentino bajón y pregúntate: ¿En qué estaba pensando en ese preciso instante? Atrapa el pensamiento y examínalo.

Cada vez que pienses algo negativo, escríbelo y luego rellena las casillas. Este ejercicio te ayudará a analizar objetivamente tus pensamientos así como a empezar a creer que ellos no te controlan sino que eres tú quien los controla.

Detonante	NAT	Sentimientos	Pruebas contra ese pensamiento	¿Cómo me siento ahora?
Anota lo que pasó, sin exagerar ningún detalle	¿Qué pensamientos te pasaron por la cabeza sobre ti mismo y tu futuro? ¿Qué clase de NAT es?	¿Cuáles fueron tus pensamientos y emociones más destacados?	¿Qué pruebas tienes contra tal pensamiento? ¿Qué alternativas podría haber? ¿Cuál es la prueba contra este punto de vista? ¿Cómo lo enfocarías si no te sintieras tan decaído? ¿Qué le aconsejarías a un amigo?	Anota cualquier señal de cambio en los sentimientos que te invaden ahora
EJEMPLO 1: Mi jefa en el trabajo ha visto por encima de mi hombro un e-mail en el que me quejaba de ella	Me despedirán (El error del adivino). He echado a perder cualquier posibilidad de establecer una buena relación con mi jefa (Tendencia a la generalización / Saborear el fracaso). Ella me odia (Pensamiento monocromo / Engaño telepático)	Ansiedad Miedo Desesperación	Quizá no ha leído todo lo que había escrito. Todo el mundo se queja de su jefe, por lo que, si lo ha leído, probablemente no le dará importancia. Quizá se dé cuenta de que ha sido muy dura conmigo y me muestre un mayor apoyo. Las probabilidades de que me echen son prácticamente nulas	Más calmado, con menos pánico, decidida a rendir más en el trabajo y a no volver a enviar mensajes quejándome de nadie
EJEMPLO 2: Me emborraché en una fiesta familiar y fanfarroneé de lo bien que me va la vida	Todos debían pensar que soy un tipo arrogante e inseguro (Engaño telepático). No me invitarán la próxima vez que se reúnan (El error del adivino). Seguro que la próxima vez vuelvo a meter la pata; es por culpa de mi inseguridad (Augurar catástrofes)	Vergüenza Bochorno Sentimiento de culpa	Todo el mundo se ha pasado de listo alguna vez. Había otros en la fiesta que hablaban de sus éxitos. La gente parecía genuinamente interesada en lo que les contaba. La próxima vez, seré más prudente	Más relajado. La verdad es que la anécdota me parece divertida. Decidido a comportarme mejor la próxima vez

Detonante	NAT	Sentimientos	Pruebas contra ese pensamiento	¿Cómo me siento ahora?
EJEMPLO 3: Me desperté con dolor de garganta, y aquella mañana tenía una reunión muy importante en el trabajo	¡Típico! ¿Por qué siempre me tiene que pasar a mí? Me pondré nervioso en la reunión y no podré exponer los puntos como es debido (El error del adivino). Todos pensarán que soy un inútil (Pensamiento monocromo / Augurar catástrofes)	Deprimido Triste Derrotado	Normalmente reacciono bien ante cualquier presión. Siempre me va bien en ese tipo de reuniones. Solo porque me sienta mal no significa que todo vaya a salir mal. Mis compañeros se darán cuenta de que no estoy en plena forma y apreciarán que haya hecho el esfuerzo de asistir	A veces estas cosas pasan; no significa que la vida se haya confabulado contra mí para fastidiarme. Sé que el equipo tiene una buena opinión de mí porque todos saben que me esmero en mi trabajo

Esperamos que esta tabla sirva para demostrarte que las cosas no son siempre tan horrorosas como piensas de entrada. Gradualmente, serás capaz de:

◆ Pasar de una reacción de pánico a procesar la información de forma más sensata. Desconectarás el piloto automático.

◆ Cambiar de perspectiva, interpretar los pensamientos como hechos pasajeros, que no son necesariamente una reflexión válida de la realidad.

◆ ☆dentificar y cuestionar pautas de pensamiento negativo y autocríticas. Te sentirás más seguro a la hora de gestionar tu estado de ánimo y adquirirás más práctica cuando tengas que rebatir tus propios pensamientos.

◆ Hacer que tus pensamientos —y, por consiguiente, tus emociones— sean más positivos.

◆ Reconocer que son solo pensamientos, no hechos.

¿Qué tal con el ejercicio de rellenar la tabla? ¿Te ha parecido útil, difícil, fácil, sin sentido? Desafiar tus pensamientos puede requerir cierta práctica, por lo que al principio quizá te parezca difícil. Cuando estás deprimido, puede ser complicado ver las circunstancias desde una perspectiva distinta, sobre todo porque a menudo están basadas en algunos hechos ciertos. Quizá tu jefa vio el mensaje de correo electrónico, pero eso no significa que hayas dañado de forma irrevocable tu relación con ella, solo significa que, a partir de ahora, tendrás que ir con más cuidado. Si hubieras confiado en tus NAT inmediatos sin desafiarlos, quizás habrías ido a su despacho y le habrías pedido que te dijera qué había leído, lo que os habría puesto a las dos en una delicada situación. De acuerdo, ella ha leído tu mensaje, ¿es realmente el fin del mundo? Si te estabas quejando, es posible que tuvieras motivos para hacerlo, y quizás ella reflexione y cambie de actitud o te llame a su despacho para hablar de la cuestión de una forma civilizada. A fin de cuentas, ¿quién no ha enviado un mensaje a alguien comentando algo sobre el jefe?

No podemos dejar de hacer hincapié en lo importante que es que consideres de verdad estos pensamientos alternativos y cuestiones tus predicciones catastrofistas. Cuando te sientes deprimido, cometes el error de no distinguir entre el pensamiento y la realidad externa —entre hipótesis y hecho—. Así pues, como con cualquier mal hábito, resulta excepcionalmente difícil frenar esa conducta tan arraigada. Las creencias respecto a uno mismo son ideas u opiniones aprendidas y reforzadas a través de la experiencia, a diferencia de una verdad absoluta e inamovible.

✪ Tu nuevo mapa mental positivo

Rellena un nuevo mapa usando uno de los pensamientos alternativos que has escrito en el dossier (tabla superior). A continuación, evalúa cómo este pensamiento positivo te ha afectado física, emocional y conductualmente. Hemos utilizado la fiesta familiar a modo de ejemplo:

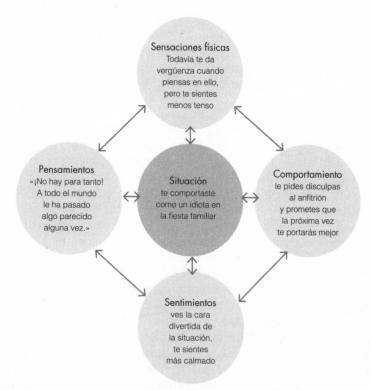

La situación debería tener un enfoque más positivo, lo cual es fantástico. Eso significa que estás siendo más realista respecto a tu vida y que has dejado de castigarte. Si te tomas tiempo para evaluar tus pensamientos, el resultado puede suponer una gran diferencia entre que los hechos tengan un final terrible o un final feliz. Si te hubiera entrado el pánico por tu comportamiento en la fiesta, quizás habrías decidido no asistir a los siguientes encuentros, lo que habría provocado un alejamiento de la familia, que, en momentos críticos, puede ser una red de apoyo importantísima. Si analizas los hechos de diferente modo, te darás cuenta de que no es tan grave, sacarás coraje y decidirás comportarte mejor la próxima vez.

Ahora tómate un momento para apreciar el hecho de haber llegado tan lejos en este proceso de identificar tus NAT, desafiarlos y apartarte de ellos. No sabemos si te das cuenta, pero es un gran logro. Cambiar tu forma de pensar cambiará tu vida —y no exageramos—. Simplemente con pensar de un modo más realista, ya ha valido la pena el viaje hasta aquí, ¿no te parece? No podemos pagarte un viaje como premio, pero lo que sí que podemos hacer es darte un fuerte aplauso metafórico, y eso es lo que haremos... ¡ahora mismo!

Los «imperdibles» del capítulo

✓ Puedes cambiar tus pautas mentales. Los NAT son malos hábitos, y los hábitos se pueden abandonar.

✓ Nunca es tarde para sentirte mejor, sea lo que sea lo que te haya sucedido.

✓ Cada vez que pilles un NAT, pregúntate: «¿Es eso cierto?». Si no lo es, descártalo; si lo es, pregúntate: «¿Qué importancia tiene?» y «¿Qué puedo hacer al respecto?».

Capítulo 10

El «verdadero» sentido de la vida

Hallar sentido a la vida y establecer unos objetivos realistas y alcanzables garantiza que te sientas más optimista, positivo y feliz.

Qué es la felicidad para ti

*N*o te asustes, no vamos a bombardearte con teorías prepotentes y retrógradas sobre el sentido de la vida, pero hallar sentido a la vida (una diferencia sutil pero muy importante) hará que seas feliz por completo —sin necesidad de convicciones espirituales ni religiosas.

El sentido es la última pieza del rompecabezas que hay que encajar para alcanzar la felicidad, y la definición varía de persona a persona. Es una elección individual. Quizá tú encuentres el sentido en una vida estructurada y coherente, o quizá lo encuentres si logras los objetivos marcados o persigues un propósito. No importa. Lo que importa es que aquellos que creen que la vida tiene un sentido o una finalidad son más felices. Muestran un mayor nivel de bienestar: más satisfacción y control respecto a lo que han de hacer y lo que quieren hacer, se sienten más motivados en el trabajo, son más optimistas, gozan de una mayor autoestima, y normalmente se muestran más positivos respecto a todo en general. Sufren menos ansiedad, y encuentran un equilibrio saludable entre la faceta laboral y el resto de las facetas de su vida. El sentido actúa como un amortiguador contra los trastornos psicológicos, y es un elemento esencial para conservar la salud mental.

El sentido constituye uno de los componentes básicos de la felicidad.

El ser humano ha buscado el sentido y la plenitud de la vida desde... bueno, desde siempre. En un nivel muy básico, el sentido ofrece una razón para vivir; es en lo que basas tus valores primordiales y lo que te proporciona una dirección, una identidad personal y una conciencia social. Puedes hallar el sentido a la vida a partir de la labor de educar bien a tus hijos, inspirar a los demás, tener éxito profesional o apoyar a tu pareja. No existen límites ni restricciones acerca de los motores que dan sentido a la vida. Pero ha de haber un motor, porque de no ser así, te sentirás insatisfecho e infeliz.

La TCC se ocupa fundamentalmente del sentido. La base del modelo cognitivo es el concepto de que no son los hechos en sí, sino la interpretación que hagas de ellos, lo que explica tus reacciones. Es el sentido que le das a tales hechos lo que dictará tu forma de actuar, pensar y sentir —tanto física como emocionalmente—. La gente no responde del mismo modo ante el mismo hecho; los diferentes sentidos que se dan a los hechos después de evaluarlos es un factor clave respecto a la felicidad o la infelicidad que uno siente.

Estas conclusiones están basadas en ti como individuo. Tu interpretación personal vendrá determinada por tu estado de ánimo, que, a su vez, vendrá determinado por la plenitud, confianza y felicidad que sientas. Si tu vida tiene sentido y un objetivo, creemos que tus interpretaciones de los hechos serán más positivas.

Apoyo social

No puedes elegir a tu familia; eso es así, como también es cierto que algunas familias están llenas de lunáticos como la copa de un pino. Sea cual sea tu situación familiar, la interacción social con personas con las que compartes un vínculo emocional, ya sean familiares o amigos, es esencial para hallar sentido a la vida. Los estudios han demostrado que las relaciones sociales de calidad aportan a la gente un mayor sentido y protección contra la depresión; por el contrario, la gente que carece de una red de relaciones de apoyo tienen un mayor riesgo de sufrir estados de ánimo depresivos. Dedicar un tiempo a la familia y amigos es, por consiguiente, un aspecto fundamental para que te sientas más feliz. Sin embargo, sabemos que no siempre es tan sencillo. Si te sientes solo por cualquier motivo (quizás acabas de romper con tu pareja, te has ido a vivir a otra ciudad, tienes problemas de familia, has cambiado de trabajo, etc.) te recomendamos que te hagas socio de un club para tener interacción social. La mayoría de la gente se apunta a clases

Objetivos alcanzables

Otro aspecto esencial de la felicidad es la búsqueda y el logro de objetivos que valgan la pena. Y la expresión «valer la pena» es clave en este contexto. Los objetivos han de ser positivos y aportar valor a la vida. Esforzarte por conseguir unos objetivos y, después, la sensación de logro, darán sentido a tu vida.

Los objetivos nunca deberían aspirar a la perfección. La perfección no existe; no estar dispuesto a aceptar menos hará que nunca te enorgullezcas de lo que estás consiguiendo y que siempre tengas la impresión de fracasar. En lugar de intentar lo imposible, busca un objetivo realista para ti y tu situación. No estamos diciendo que no deberías intentar ir más lejos o intentar esforzarte más, pero recuerda que has de felicitarte cuando lo hagas bien, ⋯⋯⋗

y a actividades lúdicas y culturales para conocer a otras personas; es una práctica muy normal. Sabemos que la idea puede intimidarte, pero hay mucha gente pululando por ahí que se encuentra en la misma situación que tú. Echa un vistazo a la página web www.meetup.com/find. Se trata de una comunidad internacional que organiza actividades a las que cualquiera puede apuntarse. Su única finalidad es conseguir que sea fácil conocer nuevas caras. Con solo navegar por esta página web, apuntarte a una de las actividades o a una nueva clase, te sentirás más positivo, ya que estás tomando la iniciativa con el fin de aplicar cambios.

El objetivo básico de este libro es conseguir que actúes de forma diferente —adoptar medidas contra tu tristeza, y no solo

⋯ en vez de anhelar algo que quizá nunca llegue a suceder. Por ejemplo, si eres una actriz aficionada que ha aparecido en un par de episodios de una serie que emiten en un canal regional, tu objetivo no debería ser: «Quiero ser la mejor artista de todos los tiempos», debería ser: «Quiero que me den un papel más relevante en el próximo programa en el que intervenga». Ese objetivo es alcanzable; puedes esforzarte para conseguirlo. Ser la mejor artista de todos los tiempos no es una cantidad medible, y te estás asignando una tarea en la que fracasarás porque puedes mover constantemente el listón de tu ambición. («Perfecto, he conseguido el papel de mis sueños, pero no me siento satisfecha. Necesito ganar un premio de reconocimiento»).

Asígnate objetivos específicos alcanzables y luego felicítate cuando los consigas.

pensar en tomar medidas—. Si sigues las estrategias que te hemos indicado, estarás dando importantes pasos para ser más feliz. Las técnicas te ayudarán a encontrar sentido a la vida, ya sea replanteándote la semana para incluir más actividades que te gusten, haciendo más ejercicio o desafiando los NAT tan nocivos, y viéndote a ti mismo bajo una luz más positiva, y lo más importante: más realista.

✪ Planificar objetivos

Ahora que te sientes un poco mejor contigo mismo, puedes empezar a planificar el futuro. Queremos que identifiques objetivos que seas capaz de llevar a cabo y que te aporten un sentido más claro de dirección y esperanza, de logro y plenitud.

Se trata de un listado sobre las cosas que harás día a día, pero a gran escala: puedes planear objetivos a corto, medio y largo plazo. Empieza por pensar qué quieres hacer la próxima semana/mes/año y cómo quieres sentirte. Reflexionar acerca de lo que quieres hacer y después hacer planes significa que tienes muchas más posibilidades de lograrlo.

Pauta de planificación: objetivos SMART

La abreviatura SMART ('inteligente', en inglés) se usa como recurso nemotécnico para indicar que el objetivo tendría que ser:

Específico (*Specific*)

¿Cuál es tu objetivo exactamente? ¿Cómo cambiaría tu vida si lo consiguieras? Por ejemplo: «Planearé una actividad divertida cada día durante un mes para sentirme más feliz».

Medible (*Measurable*)

Tiene que ser una acción cuantificable, de modo que sepas cuándo la logras (así que no vale: «Seré la mejor actriz de todos los tiempos», sino: ««Obtendré un papel más relevante en el próximo programa en el que intervenga»).

Alcanzable (*Achievable*)

Ha de ser algo que puedas conseguir de manera realista; por ejemplo: «En la próxima reunión con mi jefe para valorar mi trabajo pediré un ascenso», en vez de: «En la próxima reunión con mi jefe para valorar mi trabajo, seguro que me dice que van a ascenderme». No te aboques al fracaso.

Relevante (*Relevant*)

Ha de valer la pena. Si no sientes emoción o alegría a la hora de completarlo, entonces no tiene sentido. Tiene que ser un objetivo que signifique algo para ti, o si no, demorarás el intento —o ni lo intentarás.

A Tiempo (Timely)

Establece un período de tiempo en la consecución de cada objetivo. No digas simplemente: «Ya haré algo que me guste el mes que viene». Si el objetivo es a corto plazo, planea completarlo el mes siguiente; para objetivos a medio plazo, en los próximos seis meses, y para objetivos a largo plazo, entre uno y cinco años.

Aquí tienes algunas ideas para objetivos a corto, medio y largo plazo a partir de las estrategias y herramientas que hemos expuesto en este libro. Puedes usarlas como base para implantar tu propio plan que abarque desde el próximo mes hasta cinco años:

A corto plazo (1 mes)

◆ Continúo planificando actividades que me gustan para hacerlas cada día
◆ Busco tiempo para practicar deporte/hacer ejercicio físico y para relajarme
◆ Anoto tres cosas buenas que me pasan cada día

A medio plazo (6 meses)

◆ Me aseguro de quedar con amigos y ver a la familia
◆ Planeo nuevos pasatiempos o retomo viejos pasatiempos
◆ Desafío todos mis NAT, del tal modo que pueda empezar a ver las cosas desde un prisma más realista y, por consiguiente, de una forma positiva
◆ Empiezo a dar pasos para solucionar un problema persistente en mi vida. (Por ejemplo: si estoy encallado en

un trabajo precario o en una relación que no funciona, hago planes proactivos sobre cómo superar el bache o planeo una estrategia de salida)

A largo plazo (1-5 años)

◆ Cambio de profesión
◆ Cambio de casa
◆ Me marcho a vivir al extranjero
◆ Termino esa novela que empecé a escribir hace años

Los «imperdibles» del capítulo

✓ Hallar el sentido a la vida hará que seas más feliz.

✓ Planear objetivos realistas y alcanzables a corto, medio y largo plazo te dará una increíble sensación de plenitud.

✓ Disponer de una mezcla de objetivos —algunos que puedas lograr fácilmente y otros a los que aspires en el futuro— te mantendrá motivado e inspirado.

Un último mensaje

¡*E*nhorabuena! Lo has leído todo sobre tus sentimientos, pensamientos y comportamiento; has aplicado nuestras estrategias y has llegado al capítulo final sintiéndote —esperamos— más decidido y más feliz que cuando empezaste a leer el libro.

Cruzamos los dedos (y los brazos y las piernas) para que estés bien encaminado para lograr un enfoque de la vida mucho más positivo. Aunque no estés dando brincos de alegría ni cantando a voz en grito tu canción favorita, deberías sentirte menos desanimado de lo que estabas, y eso ya es de por sí un gran logro.

Con todo, si todavía te sientes mal y el libro no te ha ayudado tanto como esperabas, te sugerimos que visites a tu médico de cabecera para que te recomiende un tratamiento adicional

Pero si te sientes mejor... ¡Felicidades! Tómate unos momentos para evaluar hasta dónde has llegado y date una palmadita en la espalda (o quizá regálate unas vacaciones, según consideres más conveniente). Recuerda, es importante que te recompenses cuando consigas un objetivo y que te sientas mejor —aunque solo sea un poquiiiiito mejor—. Se trata de una hazaña digna de ser celebrada.

A fin de calibrar tus logros, te pedimos que contestes las siguientes preguntas:

1. **Después de leer el libro, ¿cómo te sientes?**
   A Igual – sin ningún cambio
   B Un poco mejor – empezando a pensar en todo el proceso
   C Mejor – adoptando las mejoras
   D Sensacional – transformado

Si has contestado la opción A, ¿te has aplicado por completo en las estrategias? ¿Estás dispuesto a probar de nuevo? Si todavía sufres trastornos y el libro no te ha ayudado tanto como esperabas, te sugerimos que visites a tu médico de cabecera para que te recomiende un tratamiento adicional.

Si has contestado B-D, estamos muy contentas por ti, de verdad. A partir de aquí, si sigues poniendo en práctica todo lo que has aprendido y eligiendo objetivos alcanzables que te permitan seguir avanzando, la situación no puede hacer más que mejorar.

2. **¿Qué habilidades y estrategias específicas has encontrado útiles en particular?** Asegúrate de seguir incorporándolas a tu día a día, para que se conviertan en un proceso casi natural.

3. **¿Qué «imperdibles» listados al final de cada capítulo te han llamado más la atención?** Escríbelos en una libreta o en tu diario de modo que, cada vez que necesites un estímulo —o, alternativamente, una patada en el culo— puedas releerlos y motivarte.

4. **¿Con qué red de apoyo cuentas que te sirva para mantener lo que has aprendido?** Considera la opción de contarles a tu familia y amigos lo que estás haciendo, si es que no lo has hecho ya. Su apoyo será valiosísimo y te motivará; además, hablar sobre el tema puede aportarte una visión más clara o una perspectiva diferente.

5. **¿Qué posibles obstáculos ves en el futuro que puedan desestabilizarte?** Escríbelos y luego busca posibles soluciones.

6. **¿Intentarás hallar una perspectiva más equilibrada y realista de ti mismo y de tu vida, sin olvidar que has de aceptar tanto los aspectos positivos como los negativos así como darte credibilidad por tus logros?**

7. **¿Dejarás de torturarte por supuestos «fracasos» y reconocerás que la perfección es un mito peligroso?**

8. **¿Intentarás hacer y te concentrarás más en actividades que te gusten?** ¿Pasarás más tiempo con personas que te quieran?

9. Vuelve a repasar la lista de verificación de síntomas del capítulo 2. ¿Detectas muchos cambios positivos?
10. ¿Cuándo empezarás a pensar de forma diferente?
   A. Hoy
   B. Mañana
   C. La próxima semana
   D. El año que viene
   E. Me da lo mismo

El objetivo de estas preguntas no es amedrentarte ni asustarte; se trata de una forma de calibrar hasta dónde has llegado y de mostrarte lo que en realidad pasa por tu mente. Ahora dispones de las herramientas para sentirte mejor —dependerá de ti cómo decidas usarlas—. Si estás entusiasmado con la idea de aplicar cambios, ahí va nuestra más sincera felicitación. Es una decisión realmente dura, pero gratificante. Y funciona.

Si todavía no has puesto en práctica algunas secciones de este libro, vuélvelas a leer y pruébalas; recuérdate a ti mismo cuál es tu objetivo y por qué. Lee cada capítulo con detenimiento. Puedes usar las estrategias con las que lo has hecho bien para cimentar tu confianza y motivarte a la hora de aplicar otras estrategias nuevas. Algunos de los cambios que sugerimos son bastante duros, así que si necesitas ayuda, quizá podrías pedirle a un amigo o a un miembro de la familia que te eche una mano. Del mismo modo que escribir ayuda, hablar sobre ideas y repasar conceptos en voz alta puede aportarte más claridad.

Es increíblemente difícil cambiar de actitud y de forma de pensar, sobre todo cuando llevas muchos años repitiendo los mismos patrones, pero esperamos que nos creas cuando te aseguramos que es posible cambiar. A menudo, lo que más cuesta es precisamente considerar la opción de hacer las cosas de forma diferente. Por eso, en vez de escribir una canción complicada e intentar bailarla, el hecho de asegurarte a ti mismo que lo intentarás sin presionarte en exceso es una forma más saludable de enfocar las estrategias. Queremos que estas técnicas te sean de utilidad y que no se conviertan en parte del problema. Se necesita tiempo para instaurar nuevos hábitos, y romper con los viejos puede ser duro, pero una vez los adoptes, notarás la gran diferencia. Decide una fecha para volver a leer el libro —dentro de dos meses o de un año—, para evaluar si tu enfoque es diferente y para mantener las ideas frescas en la mente —una especie de listado de verificación de la felicidad.

Si ya estás aplicando todas las estrategias del libro, perfecto. Añade breves recordatorios en el móvil sobre las tareas que has de hacer a lo largo de los próximos seis meses, como un recurso motivador para seguir adelante con tu plan.

Este libro impulsa el progreso a pequeños pasos, que sumados provocarán un gran cambio. No se trata de esperar que consigas el trabajo perfecto, la pareja perfecta o perder esos kilos de más (todas esas cuestiones pueden ayudar, por supuesto, pero solo de forma temporal, y cuesta mucho obtenerlas); se trata de aplicar pequeños cambios en tu día a día. Si los pensamientos, conductas o sentimientos recurrentes se entrometen en tu voluntad, puedes desafiarlos usando las técnicas del libro. Los obstáculos forman parte de la vida, pero no permitas que entorpezcan tu camino. Interprétalos como una dificultad que hay que vadear; así, cuando los superes, te sentirás orgulloso de ti mismo por haber vencido. Si las circunstancias se vuelven nuevamente adversas, revisa los trucos y consejos que te han ayudado antes y haz planes para poner otra vez esas estrategias en práctica.

Usa los objetivos que has definido en el último capítulo como una forma de continuar progresando. Estás bien encaminado para convertirte en un experto de tu propio estado anímico y saber cómo actuar en los momentos críticos. Lo importante es aplicar cambios duraderos que sean sostenibles; en ocasiones meterás la pata, pero estas estrategias y técnicas continuarán siendo efectivas si sigues usándolas. Inclúyelas en tu día a día, en tus semanas, en tus meses, en tus años; utiliza estos principios a modo de guía en tu camino, para que puedas sentirte más completo, más feliz.

Los cambios pueden ser aterradores, pero todo lo que hemos expuesto en este libro está diseñado para promover ajustes positivos en tu vida. Eso solo puede ser bueno. Buena suerte con todo, y recuerda que no estás solo y que puedes ser más feliz.

Lecturas recomendadas

- Paul Gilbert, *Overcoming Depression* (London, Constable & Robinson, 2009).
- Dennis Greenberg y Christine Padesky, *El control de tu estado de ánimo: manual de tratamiento de terapia cognitiva para usuarios* (Ediciones Paidós, 1998)
- David Burns, *The Feeling Good Handbook* (NYC, Morrow, 2000)
- Gillian Butler and Tony Hope, *Manage Your Mind* (Oxford University Press, 1995).

Agradecimientos

Gracias a todos aquellos que creyeron en este proyecto y que nos han ayudado a convertirlo en una realidad. Mil gracias a nuestras magníficas familias, en particular a Ben, Jack, Max y Edie. Nuestra más sincera gratitud también a Jane Graham Max, nuestra agente, por sus sabios consejos, a Kerry Enzor, nuestra editora, por su entusiasmo contagioso, y a Peggy Sadler, por sus excelentes conocimientos de diseño. Jessamy también desea dar las gracias a los psicólogos, profesionales de la salud y pacientes que la han ayudado a formarse, la han apoyado e inspirado.

Otros títulos que te gustarán

ESTE LIBRO TE CALMARÁ
de la dra. Jessamy Hibberd y Jo Usmar

En tus manos tienes la ayuda que necesitas: este libro te enseñará
a combatir el estrés y a ser más positivo, a estar más relajado y a
ser más productivo.

La doctora Jessamy Hibberd y la periodista Jo Usmar se basan en
las últimas investigaciones en terapia cognitiva y en la psicología
moderna para proporcionarte estrategias para hacer frente al estrés
y la ansiedad de manera efectiva y con rapidez. Sus técnicas para
reducir la preocupación, aprender a respirar y centrar la atención
harán que ganes serenidad y seguridad y te libres del estrés.

ESTE LIBRO TE DARÁ SEGURIDAD
de la dra. Jessamy Hibberd y Jo Usmar

¿Has tenido en alguna ocasión la sensación de que algo te estaba lastrando? Pues ya está bien: siempre es posible romper círculos viciosos en tu carácter y en tu comportamiento. Este pequeño libro te permitirá cambiar cómo te sientes.

La doctora Jessamy Hibberd y la periodista Jo Usmar te proporcionarán las herramientas para reforzar tu autoestima y llegar al máximo de tus posibilidades. Sus técnicas y ejercicios prácticos basados en las últimas investigaciones en terapia cognitiva y en la psicología moderna constituyen una agradable y natural manera de ganar confianza en todos los aspectos de tu vida.

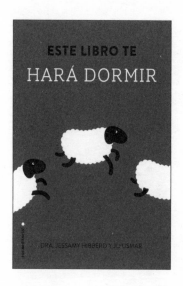

ESTE LIBRO TE HARÁ DORMIR
de la dra. Jessamy Hibberd y Jo Usmar

Todos pasamos por periodos en nuestra vida en los que tenemos problemas para dormir. O bien no podemos conciliar el sueño o bien nos despertamos demasiado temprano, con la cabeza como un bombo de darle vueltas a lo que nos preocupa. A veces conseguir dormir una noche entera parece una tarea imposible, a pesar de que lo necesitemos desesperadamente. Este libro te ayudará a romper patrones negativos, a descansar y a mejorar tu bienestar general.

Técnicas probadas y ejercicios prácticos que te ayudarán a volver a dormir como un bebé. Te sentirás más descansado, más feliz y empezarás a notar los beneficios de un buen reposo en tu vida diaria.

ESTE LIBRO TE HARÁ FELIZ
SE ACABÓ DE IMPRIMIR
UN DÍA DE OTOÑO DE 2014,
EN LOS TALLERES GRÁFICOS DE LIBERDÚPLEX, S.L.U.
CRTA. BV-2249, KM 7,4, POL. IND. TORRENTFONDO
SANT LLORENÇ D'HORTONS (BARCELONA)

* * *
* *
*